A COTÉ DE LA GUERRE

MON PETIT JOURNAL

DE

1870-1871

Camille FONDET

BEAUNE

IMPRIMERIE HENRI LAMBERT FILS

1893

À CÔTÉ DE LA GUERRE

MON PETIT JOURNAL

DE

1870-1871

A mes Anciens Compagnons :

Vingt-deux ans se sont écoulés depuis les jours passés ensemble au régiment et, pourtant, ce souvenir, n'est-ce pas ? nous reste encore vivant. C'est que le malheur les a rendus ineffaçables !

Vous lirez donc, peut-être, avec un certain intérêt ces lignes qui vous rappelleront ce passé ; c'est dans cette espérance que je les publie, sans prétention aucune, et c'est en souvenir de notre vie commune en ce triste moment, que je me permets de vous les dédier.

Et si elles vous rappellent plus vivement un temps terrible, — malgré que les circonstances ne nous aient guère mêlés aux misères générales, — dites-vous, du moins, que les années ont, depuis lors, transformé la France et que la Grande Blessée a retrouvé, en dépit de tout, l'espoir dans la vie.

Camille FONDET,

*Ex Soldat à la 2me Compagnie du 1er Bataillon
des Gardes-Nationaux Mobilisés de Beaune.*

Mars, 1893.

1870

—

14 octobre. — ..... Hélas! Où en sommes-
nous, avec toutes les sottises, les folies de
l'Empire ?... Après nos terribles désastres,
faut-il désespérer à jamais ?... Ou faut-il,
malgré tout, avoir confiance encore devant
l'effort suprême que veut tenter la République ?...

Bref, le décret qui appelle sous les dra-
peaux tous les hommes non mariés, âgés de
moins de 40 ans, vient d'être signé... Me
voici soldat!

Je noterai tout ce qui pourra m'advenir
pendant la campagne, satisfait que je serai,
sans doute, — si je survis à la guerre, —
de retrouver plus tard ces souvenirs.

20 octobre — Nous n'avons pas été convoqués immédiatement ; mais, aujourd'hui,
c'est chose faite. Nous voici actuellement,
sous les armes, tous les vieux garçons de
l'arrondissement, réunis à Beaune, en qualité de Gardes-Nationaux-Mobilisés.

Conformément à la loi, nous avons élu
nos chefs et, dejà, chaque jour, nous nous
rendons à l'exercice. Oh ! ce n'est pas que
nos progrès dans l'art militaire soient bien
rapides — surtout que nos maîtres impro-
visés n'en savent, forcement, guère plus que
nous autres, modestes fusiliers, — mais la
bonne volonté est partout, à la tête comme
dans les rangs, et nous saurons bientôt
marcher, nous aligner en ordre de bataille...
Or, avec çà, un bon fusil et du courage,
on pourrait encore faire quelque chose.

22 octobre. — A force de faire droite-
gauche et gauche-droite, nous finissons par
connaître déjà bien des mouvements et
bientôt, peut-être, nous pourrons tenir notre

place pour la défense du pays. Malheureusement nos fusils sont de vieux « flingots »
qu'on a retirés du fond d'un magasin
spécial aux rebus et pas un ne pourrait faire
feu ; malheureusement encore nous n'avons
aucun vêtement militaire et, le cas échéant,
nous serions passés par les armes, comme
n'étant pas belligérants. Mais il faut bien
admettre qu'on nous armera et équipera
avant de nous envoyer à l'ennemi. Donc
attendons notre fourniment et instruisons-
nous toujours.

23 octobre. — On vient de nous distribuer
à chacun une couverture ; c'est un commen-
cement. Et, maintenant, l'on parle beaucoup
de notre départ. Où irons-nous ? On ne sait
encore. Sans doute du côté d'un arsenal et
d'un magasin d'habillement. Après cela
nous pourrons marcher à l'ennemi.

Mais, à cette pensée, la ville est dans la
plus grande tristesse : les mères pleurent,
les pères serrent tristement la main de leur
fils et chacun scrute l'avenir où il ne voit
que chagrin et misères.

Devant cet inconnu si noir, j'ai voulu voir
les miens qui ne sont pas ici maintenant.
Je suis allé rapidement les embrasser à la
campagne et j'ai cherché à les tranquilliser
en leur disant... ce que je ne pensais pas.
Maintenant je suis prêt.

24 octobre. — Nous avons quitté Beaune ;
nous sommes à Dijon. Tout le régiment est
là. Des trains spéciaux nous ont amenés et
nous voici installés ici jusqu'à nouvel avis.

La ville est encombrée de soldats ; aussi
nous place-t-on où l'on peut : les uns dans
un magasin sur de la paille pourrie, les
autres... pas mieux. Enfin à la guerre
comme à la guerre et, à part le coucher,
que l'on va, du reste, améliorer, dit-on,

nous nous trouvons assez bien ; avec le franc, que chacun reçoit chaque jour pour sa nourriture, le pioupiou ne se tire pas mal d'affaire.

Et le premier sentiment de tristesse passé, nous retrouvons encore, parfois, un peu de cette vieille gaieté gauloise.... ce qu'il y a de mieux au monde pour faire oublier la misère.

25 octobre. — Nous sommes splendides ! On nous a distribué ce matin des blouses et des pantalons de toile bleue avec liserets rouges. Sous ce costume nous sommes bien tranquilles, puisqu'avec eux nous devenons belligérants. Encore des fusils à recevoir et ce sera complet... C'est égal ! Pas chauds du tout pour la saison nos vêtements de toile. surtout que les coutures qui se défont dès qu'on les touche, nous laissent subir de cruels courants d'air... Enfin, en attendant mieux, on nous a distribué, par compagnie, une tente capable d'abriter quatre hommes que, « turellement », les quatre sergents se sont octroyée.

26 octobre. — Une bonne amélioration : les hommes ne sont plus sur la paille humide ; ils ont reçu des billets de logement à leur grande satisfaction. Comme les autres, mon compagnon de lit et moi, avons notre billet, mais le bénéfice a été pour celui qui devait nous abriter, puisqu'un ami nous avait déjà, devançant la sollicitude municipale, ouvert la porte de son logis.

Quant aux exercices, ils se continuent tous les jours.

Et, après, c'est au café que nous nous retrouvons pour discourir et traiter des grandes questions militaires ; du reste que pourrions-nous faire par ce temps humide, auquel ne répondent guère nos vêtements de toile ?

Ce soir j'ai passé mon temps avec quelques camarades à faire de petits paquets de charpie pour le bataillon, sous la direction des docteurs qui nous avaient convoqués à cet effet. C'était peut-être moins amusant que de boire des chopes, mais, vu les circonstances, certainement plus utile.

En rentrant nous avons été frappés de l'aspect du ciel paraissant tout en feu. Nous avons cru d'abord à un immense incendie ; c'était une aurore boréale des plus remarquables.

27 octobre. — Il est question, ce matin, de nous diriger sur Lyon, afin de nous équiper sérieusement. Voilà qui serait joliment bien trouvé, car nos pauvres complets, de toile, sont déjà en pièces et nos fusils ne partiraient toujours pas... Il est vrai que nos officiers sont galonnés sur toutes les coutures ; mais c'est cela qui ne nous tient guère chaud et ne vaut pas la moindre cartouche !

Et puis, là-bas, à Lyon, nous aurons peut-être à faire à une ville moins dure. Espérons-le ! Ce qui est certain, c'est qu'ici les magasins s'efforcent de nous passer tous leurs « rossignols » et cela à prix d'or... Braves négociants dijonnais ! C'est pour les Prussiens, sans doute, que vous réservez vos nouveautés et vos prix doux !

. . . .

On a entendu le canon dans le lointain toute l'après-midi... Que s'est-il passé ? On ne sait encore ; mais des fuyards font pressentir de mauvaises nouvelles... Triste !

28 octobre. — Il est une heure du matin et, dans l'inquiétude générale, personne ne songe à dormir. Que va-t-on faire ? On délibère en haut lieu, à la mairie, et nous, nous errons çà et là, attendant des ordres, quêtant des nouvelles.

...Bon Dieu ! Est-ce vrai ? On se demande, paraît-il, dans le grand conseil, si l'on nous lancera à la face de l'ennemi ou si l'on nous fera revenir en arrière pour nous équiper un peu mieux... Mais est-ce à discuter ?... Pas de vêtements, pas de fusils, pas de cartouches, rien que nous-même et notre bonne volonté et l'on veut nous envoyer combattre ! Cré tonnerre ! Qu'on nous arme donc d'abord !! Nous voulons bien nous faire tuer, nous ne marchandons pas notre vie au pays ; mais, au moins, que nous puissions nous défendre et que notre mort soit utile à quelque chose ! Mille bombes ! Il faudrait pourtant savoir, avant tout, si notre général en chambre n'est pas fou !

. . . .

Calmons-nous ! Nous ne serons pas encore aujourd'hui de la chair à canon. A une voix de majorité, — à une voix ! — on a décidé que nous nous replierions... Ah ! il serait intéressant, quand même, de connaître le nom de ces messieurs qui voulaient, sans la moindre utilité, nous faire mettre en purée.

Et maintenant que la question est tranchée, tenons nous prêts pour le départ... Je vais boucler mon sac et me reposer un peu en attendant le rappel... Qui sait les fatigues que nous allons avoir à supporter d'ici peu ?...

...Je dors d'un œil, étendu tout habillé sur mon lit... Trois fois déjà je me suis relevé entendant le tambour, mais ce n'était pas pour notre bataillon... Plan !... plan !... rataplan !... Ah ! cette fois c'est bien pour nous. Partons vite !... Mais quelle heure est-il ?... Tiens, quatre heures sonnent chez le père Jacquemard.

. . . .

Et nous voici revenus !... On nous a remis à 7 heures... Profitons de ce moment de répit pour nous restaurer. Après une nuit blanche et mouvementée, une douzaine d'escargots, ça ne peut pas faire de mal... Va pour les escargots !... Mais pourvu qu'en mettant tant d'heures à nous replier, on ne nous fasse pas pincer par l'ennemi... Mille tambours ! nous ne voulons pas qu'un prussien vienne manger nos escargots... Car, alors, nous les aurions sur le cœur... et nous les voulons dans notre estomac !

. . . .

Enfin il est sept heures. Nous sommes réunis ; nous allons partir... On nous retourne à Beaune... Et nous laissons Dijon désert, vide... Hélas ! Bientôt l'animation y renaîtra sans doute : mais c'est le teuton qui l'y apportera avec sa vie épaisse et grossière... Et quelle animation ! Quelle vie !...

28 octobre. — Nous voici de retour dans nos foyers... On nous aurait peut-être invités à prendre le train pour rentrer au logis, mais le dernier était parti quand nous nous mîmes en route... En effet P.-L.-M. redoutant l'invasion prusienne a bien vite déménagé la gare de Dijon et la dernière desservie actuellement, c'est Beaune. Bref, au lieu du train, nous dûmes prendre nos jambes et celles-ci peu entraînées à la marche, firent, — il faut bien en convenir, — que notre colonne ne présenta pas un modèle de retraite. Que de traînards! Et j'en étais, je dois l'avouer. Aussi pourquoi permettait-on aux forts marcheurs de courir en avant ? Pour excuser encore les retardataires, disons que le ciel ne se prêtait guère à une si grande étape : Pluie et vent, fouettant à rebours, ne leur venaient pas en aide.

Enfin nous sommes tous arrivés quand même et, aux nouvelles que nous apportons, la tristesse, ici, est à son comble... Pour comprendre, sentir une situation, il faut être en face d'elle ; ce ne sont pas les habitants de Carpentras qui se tourmentent aujourd'hui plus qu'hier.

29 octobre. — Toujours à Beaune ; mais, naturellement, ce n'est pas pour y séjourner longtemps. Alors que va-t-on, cette fois, faire de nous ? La logique voudrait que l'on nous dirigeât sur la ville approvisionnée la plus proche pour nous équiper, puis, après, que l'on nous envoie de l'avant. Qu'en sera-t-il ?

. . . .

O miracle ! Aurions-nous un autre général ? La raison reprend ses droits. On annonce que nous devons être réunis à la gare à onze heures et que c'est pour filer sur Clermont-Ferrand. Soit, partons pour Clermont !

Nouveaux adieux plus tristes encore et en route pour l'Auvergne où l'on doit nous équiper... Mais que c'est loin Clermont ! Enfin si là se trouve le nécessaire : et des vêtements et des fusils et tout. . Ah ! oui, tout !... Car, bien sûr, nous n'avons rien !

30 octobre. — Nous sommes à Clermont où l'on nous a logés chez l'habitant et, profitant du dimanche, chacun a fait sa promenade selon ses goûts : ceux-ci sont allés voir la fontaine pétrifiante, ceux-là ont visité Royat, bu à ses sources et quelques-uns, intrépides, ont fait l'ascension du Puy-de-Dôme. Mais la masse de nous, plus terre-à-terre, plus indolente, s'est contentée de la

place de Jaude : aller et venir cent fois sur
ce grand rectangle, passer en long, repasser
en large, coudoyant sans cesse les mêmes
gens, a suffi, avec un mêlé-cassis, au
bonheur du plus grand nombre... Et pourtant, comme c'était mieux et meilleur de
s'élever dans les nues, de respirer, là-haut,
un air pur et vivifiant, de planer au-dessus
de tous, de sentir le monde à ses
pieds caché par les nuages et de perdre sa
vue dans l'infini !...

...Mais quoi ? Après une journée si calme,
il nous survient une dépêche terrible :
Bazaine a trahi !... Le maréchal de l'empire
a rendu Metz et livré son armée... Ah !
l'infâme !... Maintenant plus d'espoir .. Que
faire ?... Que faire !...

31 octobre. — Eh bien. non! On luttera
encore On luttera jusqu'à la fin... Il faut,
au moins, sauvegarder le nom de la
France!... C'est ce que le Gouvernement
vient de crier à tous et l'on sent qu'il a
raison, puisque c'est le cri de l'honneur...

Nous sommes retournés de nouveau à
l'exercice qui s'est ressenti, hélas! de nos
voyages. Nous avons oublié, il faut rap-
prendre. On ne s'instruit pas toujours en
voyageant.

1ᵉʳ novembre. — Fouchtra! Il paraît que
méchieurs les-j-Auvergnats ne chont pas
contents de nous pochéder dans leurs
murs. .

Parbleu !... Puisqu'il faut qu'ils nous
logent. Et, pourtant, nous leur apportons
bien de l'argent ; car après le nécessaire,
nous nous offrons le superflu : boutiques
et cafés sont remplis de Mobilisés de la
Côte-d'Or... Enfin, malgré tout, Clermont
veut notre départ ; sans doute que nous les
gênons moralement ces pauvres auvergnats,

chez lesquels ceux qui devraient être mobilisés restent toujours à leurs truelles ou à leurs chaudrons...

Et comme ça se trouve bien ! Le général, lui aussi, a rêvé notre départ... Qui, diable ! a bien pu lui envoyer une armée comme la nôtre, sans vêtements, sans fusils ? Il n'en veut pas ; il la passera à un autre...

« *Général à Général :*

« Encombré, vous envoie régiment. »

Cette dépêche et ça y est ! Nous voici, paraît-il, destinés à être expédiés franco à la place de Bourges... Au moins nous servirons, ainsi, à utiliser les trains et à dépenser de l'argent.

. . . .

Nous sommes dans le train, après un départ splendide. C'est que les Clermontois ont fini par daigner reconnaître notre empressement à partir en guerre et comprendre que si nous n'étions pas équipés, ce n'était pas notre faute. En effet si la ville ne voulait plus de nous dans son sein, elle nous a, du moins, renvoyés en musique. C'est à grand orchestre que toutes les fanfares nous ont reconduits à la gare... Vive la Côte-d'Or ! criait-on de toutes parts... Et nous, sans rancune, nous avons répondu : Vive Clermont !

2 novembre. — Nous avons vu Bourges et Bourges aussi nous a vus... Et si nous n'avons pas admiré cette ville antique qui n'a de beau que sa cathédrale et son palais, les habitants ne nous ont pas davantage admirés... Ici. le même effet qu'à Clermont et... quel effet !... Le général commandant la Place se demande déjà où il pourrait bien nous réexpédier, toujours franco de port et d'emballage...

En attendant nous sommes logés au Lycée, transformé en caserne et c'est dans la chapelle que s'abrite notre compagnie... Pour ce qui me concerne j'ai mon domicile dans un coin, contre la grille du chœur et, confort immense, à ma disposition, en guise de placard, presque toute une niche qu'un bon Saint-Joseph a bien voulu partager avec moi. J'ajoute qu'on nous a donné paille fraîche et abondante et, qu'ainsi, nous sommes tous satisfaits, surtout que nous espérons bien, sous la voute sacrée qui nous recouvre, trouver les indulgences dont nous devons avoir tant besoin.

4 novembre. — Nous venons d'apprendre que Dijon est occupé par l'ennemi et que nos forces se concentrent sur Chagny. Sans doute il y aura un engagement terrible dans notre pays même... Ah! quelle inquiétude !... Et comme nous voudrions revenir dans ces contrées qui nous sont si chères!... On parle bien, paraît il, de nous y reconduire ; mais, alors, qu'on nous équipe, qu'on nous arme, et bien vite ; car nous ramener comme nous sommes serait inutile et puis. vrai!... cela ne valait pas la peine, alors, de nous faire voir Clermont et Bourges ; à moins, pourtant, que ce ne fût pour justifier notre nom : Les Mobilisés.

7 novembre. — Les jours se suivent et se ressemblent... Du matin au soir, c'est l'exercice. En ce moment nous cultivons l'escrime : une, deux; parez et pointez!... Ça marche assez bien... Puis, le soir, nous nous reposons au café en faisant de l'art militaire : on exécute des mouvements tournants, on livre des batailles, on fait surtout des sorties en masse de Paris, on parle de la situation... Ah! quelle est triste la situation! Que voir, du reste, que comprendre avec le peu de renseignements exacts qui nous arrivent, les potins qui circulent? C'est à peine même si nous avons des nouvelles précises de nos foyers Et nos cœurs restent serrés, navrés! L'inquiétude, la tristesse, voilà, seulement, tout notre lot.

8 novembre. — Toujours la même situation, toujours pas d'équipement... Nous serions pourtant, ce me semble, bons à quelque chose maintenant... Ah! que ne nous renvoie-t-on pas sur les rives de la Dheune. Là-bas, pour défendre nos foyers, nos familles, nous serions plus forts que partout ailleurs... Enfin l'autorité militaire sait ce qu'elle doit ordonner et nous, pauvres soldats que nous sommes, nous n'avons, tout naturellement qu'à obéir.

En attendant, hier, notre escouade était de de garde; nous avons veillé toute la nuit dans une rue étroite et mal famée. Il s'agissait de faire respecter l'ordre et les maisons à gros numéros, haute mission que nous avons supérieurement remplie : il y a eu des discordes apaisées, des batailles arrêtées. Aussi, avons-nous été bien gracieusement remerciés par les demoiselles intéressées... Ah! quelle faveur de ces roses flétries! Et quelle gloire pour nous!

9 novembre: — Plus mobilisés que jamais! Nous partons. Rien d'étonnant, après tout, car voilà bien huit longs jours que nous sommes à Bourges!

C'est ce matin, à l'exercice, qu'on est venu nous apporter cet ordre. Mais nous causerons plus tard ; maintenant, nous n'avons pas de temps à perdre : dans deux heures, réunion à la gare et en route pour... l'Algérie!

. . . .

Nous sommes dans le train ; la machine a sifflé ; le général, qui nous expédie, sourit d'aise et nous allons rouler à destination de Toulon. Dans un coin. que j'ai pu attraper, mon carnet à la main, j'ai le temps de penser et d'écrire, tout en jetant un coup d'œil sur la campagne qui va se dérouler sous nos yeux...

...Déjà nous filons à toute vapeur, traversant des contrées qui n'ont rien d'anormal. Partout c'est la vue ordinaire, calme et paisible, comme si la guerre ne sévissait pas en France. On est si loin ici du lieu de l'action ! Et l'on nous regarde passer avec étonnement, surprise, se demandant, sans doute, où l'on nous conduit... Où l'on nous conduit ? Le savons-nous seulement ? C'est grand, bien grand l'Algérie et l'on ne nous en a pas dit plus. Allons-nous lutter contre les Arabes ? C'est possible, puisque l'on raconte que, profitant de nos malheurs, ils se sont mis en insurrection. Allons-nous simplement remplacer des troupes plus solides ?... Quand nous y serons, nous le verrons bien.

...Mais le train marchant à toute vapeur, brûlant les stations, est déjà loin. Nous retouchons Clermont ; le train s'y arrête. Quel coup de théâtre pour les Clermontois en balade près de la gare, qui ne manquent pas de nous reconnaître... Est-ce que nous reviendrions nous établir chez eux ? Cela leur paraît trop fort et ils en restent tout ahuris... Tranquillisez-vous, braves gens ! La locomotive ne fait que prendre de l'eau et file plus loin...

.. Pouf ! Pouf !... Le train a retrouvé son allure rapide à travers les montagnes, les vallées qui charment nos regards... Mais voici la nuit, dormons ; ou plutôt tâchons de dormir. Ce serait d'autant plus utile que, depuis le matin, l'Intendance ne nous a rien offert et, à en croire le dicton : Qui dort, dîne !

10 novembre. — Le soleil s'est levé et nous a montré les paysages du Midi. Spectacle nouveau... C'est Alais, c'est Nîmes dont nous avons aperçu les ruines romaines, c'est Tarascon, Arles... Mais nous n'avons fait que voir, qu'entrevoir même, le train marchant toujours, hélas ! sans s'arrêter jamais.

Pour le moment, nous sommes en plein dans les champs d'oliviers. Que c'est aride ! Et comme avec ses troncs rabougris, son feuillage terne, l'olivier fait triste mine dans ces terrains desséchés !... Bien secs aussi sont nos gosiers ! La locomotive a pris de l'eau, elle, mais nous ni pain ni eau !... Nous avons d'abord vécu avec quelques vivres réservés au fond du sac ; mais tout est fini et la gourde vide !... Est-ce qu'on ne s'arrêtera jamais ?... Cocher !... Dix minutes d'arrêt s. v. p... Dix minutes ? Ah ! bien oui ! On s'est déjà trop arrêté une fois, par suite d'encombrement de la voie... Fiche pas mal de cet arrêt là ! C'était la nuit, nous dormions et la gare, où nous étions, ne devait pas avoir la plus petite buvette. Non, non, arrêtez ! Nous voudrions boire le Rhône qui coule dans le lointain... Mais l'on s'arrêtera sans doute enfin ; espérons-le, du moins ; voici Marseille !

...C'était bien Marseille, oui ; mais un arrêt pour nous, non. On ne nous a fait stationner que pour nous aiguiller sur Toulon. Il paraît qu'elle est bien urgente notre arrivée en Algérie ! Nous pouvons nous en flatter.

Quelques-uns, lestes et malins, ont cependant pu se procurer un pain, un morceau de saucisson, une bouteille ; mais les autres doivent se priver, ce qui est dur, après plus de trente heures de diète... Allons, un cran de plus au ceinturon ; ...voilà un repas de pris... Et d'aucuns prétendent que l'Intendance ne fonctionne pas bien.

...Maintenant filons sur Toulon et regardons ces pays, nouveaux pour nous... Que les environs de Marseille sont jolis, gracieux ! Des villas dans les montagnes boisées, des sites charmants avec des échappées sur la mer... Le spectacle ferait presque oublier la faim ; mais la nuit vient, plus rien à voir. Contentons-nous de rêver bouillabaisse sous les parfums d'ail qui nous arrivent, jusqu'à ce que la réalité puisse succéder {au rêve embaumé.

. . . .

Tron-de-l'air ! J'en ai goûté, mon bon, de la bouillabaisse. Et ça se mange, tout de même, cet ail entouré de poissons. Mais soyons bref, car il se fait tard ; je tombe de sommeil et, demain, quand le canon tonnera, avant jour, à l'heure précise de l'ouverture de l'arsenal, je dois être au port.

Donc, en deux mots, seulement, notons qu'en arrivant à Toulon, nous apprenons qu'on allait nous conduire de suite à bord d'un transport de l'Etat frété pour nous diriger sur l'Algérie. Alors quelques-uns des plus affamés, — et j'étais de ce nombre, — pensant qu'à l'heure tardive où nous étions, le dîner du bord laisserait beaucoup à désirer, sachant, du reste, que les départs maritimes n'avaient jamais lieu la nuit, filèrent, à la faveur de l'ombre, directement sur un restaurant... Et, l'estomac enfin garni maintenant, nous nous trouvons parfaitement bien de cette petite fugue... Après tout, de ce que nous avons dîné, la Patrie n'est pas plus en danger et notre diète excessive ne lui eût servi de rien. Maintenant allons dormir et ne manquons pas le coche demain matin.

11 novembre. — Nous sommes venus, six d'entre nous chez un logeur indiqué... Ah ! maudits soient ceux qui nous ont ainsi guidés !... Et comme, s'il n'eut pas été si tard, nous eussions fui rapidement ce bouge infect : après un couloir noir, un escalier tortueux, sale, pour arriver à un palier dégoûtant. Était-ce un coupe-gorge ? Qu'importe ? Nous ne séjournerons pas là longtemps et sommes de taille à nous défendre, surtout que nos fusils ont, au moins, de bonnes baïonnettes...

Le patron de l'établissement ayant coupé une bougie en six, nous gagnâmes, notre part de lumière entre nos doigts, nos cabinets respectifs où, en dépit de tout, le sommeil nous coucha vite sur nos grabats.

Mais le souci, le désir d'être exacts, le devoir, nous ont éveillés avant l'heure. Il fait encore nuit, je suis déjà prêt et j'use mon sixième de bougie, en traçant ces lignes.

. . . .

Le jour a pointé, nous sommes sortis, nous avons gagné l'arsenal ; nous étions à sa porte quand le canon tonna... Les portes ouvertes, nous avons suivi les chantiers interminables à travers bois et fers entassés çà et là, au milieu des boulets empilés et nous sommes arrivés près des navires où étaient nos camarades... Et me voici, maintenant, sur le pont, assis sur un cordage roulé, regardant tout.

Charmant, Toulon, vu d'ici, au milieu de sa verdure et se présentant un peu en amphithéâtre ; très belle, cette rade immense avec ses navires dispersés çà et là ; grandioses ces montagnes, au haut desquelles sont des forts invincibles pouvant lancer la mort bien au loin ; imposante, cette mer infinie !

Mais, mes regards reviennent toujours, quand même, sur l'autre navire qui porte nos amis du 2ᵐᵉ bataillon, car, bientôt, nous allons être séparés : ceux-ci vont faire voile sur Alger et nous sur Stora. Et ce ne sont, de part et d'autre, que des signes d'amitié : adieu ! adieu ! Car qui sait quand nous nous reverrons, si seulement nous nous revoyons jamais. Et puis l'on sent que les cœurs se confondent dans une pensée commune donnée au pays que nous laissons dans le malheur.

Pourtant les préparatifs du départ semblent s'avancer ; les matelots se pressent, on charge les dernières provisions de route, notamment deux vaches qu'on descend, — pauvres bêtes ! — par les cornes, à fond de cale et la fumée de la machine dit qu'on accélère son foyer.

Aussi vais-je vite jeter un coup d'œil sur tout le navire. Quand il sera en marche, je ne pourrai, sans doute, pas beaucoup circuler. Songeons au mal de mer.

. . . .

Je suis allé partout où cela m'était permis, à moi modeste fusilier : il est grand et vaste ce transport de l'Etat destiné spécialement, — comme ça se rencontre ! — aux chevaux et aux mulets ; son nom : *La Drôme*. Je ne sais combien il peut porter, ni ce qu'il jauge, mais, peu au fait des constructions navales, j'ai été frappé de sa structure, de son étendue, de sa gigantesque carcasse... Et tout cela, pourtant, en dépit de sa force, doit être bien frêle, balloté à la merci des flots. Attendons.

J'ai logé mon sac dans le coin d'une mangeoire, où je pense bien le retrouver à l'arrivée et je suis revenu m'asseoir sur mon rond de cordages, à mon poste d'observations.

Et je regarde encore le beau panorama qui se présente ici, je lance encore des signes d'amitié aux amis du navire en face. Mais les matelots tournant un treuil, ont levé l'ancre, tout s'ébranle, le commandant donne l'ordre, la machine siffle ; on part !

Ah ! aller en Algérie, traverser la Méditerranée, ce n'est pourtant pas la mer à boire ; eh bien, qu'importe ! devant l'inconnu qui nous attend, devant les luttes possibles, probables, contre les arabes en rébellion, devant les misères habituelles de la guerre en Afrique, tous, nous partons avec regret... Lutte pour lutte ; mieux vaudrait embrocher un prussien qu'un touareghs et mieux vaudrait mourir pour la France elle-même que pour sa colonie !... Et puis il y a l'inquiétude qui nous pèse, qui nous accable. Que vont devenir les nôtres ? Comment retrouverons-nous le pays ?... Mais notre navire est déjà loin dans la rade... Ah ! adieu la terre, adieu encore au navire voisin, adieu à notre chère France !

13 novembre. — Nous voguons toujours et bien doucement maintenant, tout étonnés de vivre encore... Mais que nous avons été balancés, remués ; que nous avons été près de la mort !

Ce matin on aperçoit, enfin ! le rivage que nous devons atteindre... Salut à l'Afrique !

Et quelle charmante côte toute ensoleillée, toute pleine de verdure ! Comme tout semble plus brillant, plus éclatant, sur ce sol chaud et fécond. Ah ! voilà Philippeville qui se présente charmante et coquette entre ses deux collines, en amphithéâtre sur la mer où elle mire ses murs blancs.

Nous approchons de plus en plus ; nous sommes dans la rade de Stora ; toutefois, avant le débarquement il y a du temps encore. Profitons-en pour rappeler nos souvenirs et inscrire sur ce carnet de misère nos sensations passées.

Remontons au départ : un ciel semé de gros nuages blancs, une mer houleuse qui nous permet, pourtant, de jouir de la traversée. Puis, le ciel gris, un vent assez fort, une marche plus rapide et un roulis qui nous trouble... Alors, chacun cherche un gîte, je veux dire un coin, où il puisse passer sa nuit, étendu sur la planche... Avec quelques amis, redoutant les odeurs infectes du navire, (odeurs plus pernicieuses encore que le roulis pour le mal de mer), nous choisissons une petite place sur le pont où il nous semble ne pas devoir gêner la manœuvre des matelots. Là, combinant nos couvertures, nous faisons nos lits et bercés, trop bercés, le sommeil nous prend.

Court sommeil et cruel réveil ! La pluie, la grêle nous fouettent le visage et les marins nous chambardent : « Tout le monde dans le bas ; ça va chauffer ! » nous crie l'équipage en tirant des cordages sur babord et sur tribord. Et nous, à demi endormis, malades, ne voyant rien que quelques petites lampes éclairant à peine au milieu de l'immensité noire, nous cherchons, à tâtons, l'escalier qui descend à l'entrepont.

Nous y arrivons, mais les places sont prises ; partout des corps couchés, abattus, anéantis. Nous nous laissons tomber sur les autres, ma tête rencontre une botte molle et c'est pour elle un bien doux oreiller.

Mais le vent souffle de plus en plus ; les flots s'agitent davantage et nous ballottent, nous secouent en tous sens. Au dehors l'air bourdonne, siffle ; au dedans tout grince et tout craque ! La tempête arrive à son fort, les éléments sont déchaînés ; c'est effrayant ! Et, dans une affreuse nuit, sur l'infini de l'onde, nous sommes, là, comme le jouet d'une force terrible et infernale !

Cela ne se calmera-t-il point ? Au contraire, un coup de vent de côté, bien plus fort que les autres, nous jette sur le flanc... « Foutus ! »... crie un marin en service, en se raccrochant à un cordage. Sa voix perçante et pleine d'effroi est bien entendue de tous, mais, quand même, chacun reste immobile, abattu, presque mort ! A peine quelques têtes se soulèvent à ce cri de détresse, pour retomber vite. L'instinct de la conservation, chez nous, est éteint et, résignés, nous attendons notre fin dans la torpeur.

Pourtant un autre coup de vent survient alors, heureusement. Sous son action, le navire se redresse. Nous sommes sauvés !... Après, ce sont encore bien des secousses terribles, bien des dangers à courir ; mais enfin, le calme revient peu à peu et, quand le soleil reparaît à l'horizon, avachis toujours, nous nous traînons sur le pont, cherchant un air réconfortant, voulant revoir le ciel que nous pensions ne plus retrouver jamais que dans l'éternité.

La journée suivante est meilleure et la nuit après nous reposons mieux, tandis que la machine s'efforce de regagner le temps que les vents contraires nous ont fait perdre.

Qu'importe ! En dépit du repos forcé, des longues heures passées étendus sur le dos, nous restons tous exténués et ce qui nous soutient, nous autres, qui n'avons rien pris depuis plus de cinquante heures, c'est la vue de la terre ferme et l'espoir d'y mettre le pied bientôt.

Mais on a jeté l'ancre ; voilà les barques prêtes pour notre débarquement ; laissons vite notre maigre littérature, pour quérir du plus substantiel !

14 novembre. — Quel changement et quel bien-être aujourd'hui ! J'ai une petite chambre proprette, un bon lit où j'ai fait un sommeil réparateur, une table pour écrire et... deux chaises pour m'asseoir ! Avec tout cela, une grande promenade, un bain, un dîner sérieux... que me faut-il de plus ?

Chacun s'est arrangé à sa guise, car il n'y a pas d'ordres pour le moment et nulle obligation de séjourner sous les tentes dressées à notre intention, lesquelles sont, du reste, trop peu nombreuses pour nous recevoir tous.

Bref nous sommes très contents et tandis que les uns circulent par la ville, la parcourent en tous sens, les autres vont errer dans la campagne ou vers la mer.

Et de tous côtés de charmants paysages nous plaisent, nous enchantent, nous étonnant par la nouveauté, nous charmant surtout par leur verdure, nous qui venons de laisser l'hiver chez nous. Les figuiers de Barbarie, les cactus, les aloès qui bordent les chemins, formant des haies gigantesques, impénétrables, nous frappent spécialement, nous qui n'avons jamais vu ces plantes que rabougries, poussant comme à regrets, dans de petits pots.

C'est donc avec le plus grand intérêt que nous regardons tout : et la campagne avec sa végétation luxuriante, et ces arabes drapés dans leurs grands burnous blancs, et les juifs avec leurs pantalons à la zouave, leurs vestes brodées et les femmes aux visages voilés... Ah ! un être encore attire notre attention : le bourriquet. Cet animal, ici, pas plus gros qu'un terre-neuve, est plein de courage et d'énergie. C'est lui qui, dans des bâts, porte tous les fardeaux et ce, sans se plaindre jamais. On abuse même de ce petit quadrupède plus intelligent qu'on ne pense et c'est pitié de voir, parfois, sur son dos, une grosse rosse de maître dont les pieds ballants s'en vont traînant la terre.

Mais le soleil brille, la curiosité me tient ; je veux voir encore ; je vais sortir. . Et puis j'éprouve le besoin de rencontrer les camarades. Cela fait du bien de se communiquer ses impressions, et aussi de rire des risques que l'on vient de courir, en traversant le grand lac.

— Si on y eut songé, disait un ami ce matin, on eut bien fait de danser une ronde sur le pont du navire, pour fêter notre arrivée à bon port.

— C'est vrai, répondit un autre, très malin, mais il eut fallu que le capitaine de *La Drôme* adhère...

On s'est pâmé !... A celui qui ne comprendrait point, je dis : Dromadaire, va !

15 novembre. — En avons-nous fait hier de ces tours dans la campagne, nous reposant sous quelques chênes liège, quand nous étions fatigués : nous avons suivi encore des chemins bordés de cactus et d'aloès, nous avons revu, dans les champs, l'arabe labourer, ou mieux, gratter la terre, à l'aide d'un simple pieux ferré en guise de charrue, tant le sol est fertile ici ; de nouveau nous avons vu les falaises de la côte et perdu nos regards sur la mer, maintenant calme et lisse comme une glace.

Puis, la nuit venant, nous avons regagné Philippeville et, dans sa grande rue principale, tombant droit sur la mer, sous les arcades bien éclairées, nous nous sommes promenés encore.. Mais là, à part les burnous que l'on rencontre, à part quelques magasins spéciaux, on se croirait en France, dans une ville du Midi tant les constructions sont européennes, tant les costumes et les mœurs se ressentent de la métropole.

Après le dîner, un peu remis de nos grandes courses, nous avons voulu sortir encore et, vu l'heure, nous avons été visiter cafés et autres établissements analogues, surtout ceux à couleur locale : c'est ainsi que nous tombâmes d'abord dans un café dit chantant, — car ici, malgré tout, on chante toujours. — et que nous entendîmes hurler quelques couplets d'un grotesque achevé ; qu'ensuite nous pénétrâmes dans un lieu plus risqué auquel je cherche, sans le trouver, un nom juste, ce genre d'établissement étant à peu près inconnu chez nous ; en revanche je citerai son enseigne bizarre : *Au Phénix qui renaît de ses cendres*, qui dira peut-être quelque chose aux chercheurs infatigables, ajoutant comme peinture de l'intérieur assez humoristique : une odalisque crasseuse, une juive fanée, une arabe crasseuse et fanée, toutes trois servant à boire sans réserve et s'abandonnant de même aux marins en bordée.

Ceci écrit en souvenir d'hier, je vais voir s'il n'y a pas d'ordres pour la journée et faire, après, quelques grandes emplettes : une chemise et un mouchoir !... car notons que, reprenant mon sac après la traversée, je l'ai trouvé fort allégé. Je conviens toutefois qu'il n'était pas vide, ce qui prouve que, — véritable veinard, — j'avais eu à faire à un honnête voleur.

16 novembre. — Nous venons de quitter Philippeville ; nous allons voir d'autres pays. Nous voici encore dans un train spécial ; on nous dirige sur Constantine. Les wagons sont très propres, nous ne sommes pas trop empilés ; c'est parfait. Je vais mettre le nez à la portière et regarder le paysage.

Si jolie aux environs de Philippeville, la campagne, déjà, ici, est nue et déserte. C'est qu'aussi nous gagnons les montagnes et les gravissons. Il faut bien monter et monter beaucoup pour arriver à Constantine dont l'altitude est, à sa partie basse, de 660 mètres.

Nous avons gagné un plateau et voilà pourtant, çà et là, quelques douars, des troupeaux, des arabes au labour, mais tout est triste et dénudé Il n'y a donc pas d'arbres dans ce pays?

Le train a sifflé, il s'arrête ; c'est une gare... Je veux dire une petite barraque avec un malheureux employé qui semble bien égaré dans ces parages. Quant au bourg qu'elle dessert, je le cherche... Au fait il est peut-être, modestement caché, dans un replis de terrain,.. s'il existe...

Nous avons repris notre course, nous roulons sur le revers des montagnes, nous suivons des gorges, nous traversons des plateaux et nous montons toujours. Mais quoi? Je reconnais ce site. Y en a-t-il deux semblables? Et non, certainement!... Nous avons simplement contourné la montagne et sommes plus haut, sinon plus loin.

Pourtant, vu l'heure et les gares comptées, nous savons approcher du but. Alors nous retrouvons plus de verdure, plus de vie ; au loin on aperçoit même une plaine brillante de végétation où, coquettement, serpente un cours d'eau.

Enfin la machine siffle d'une façon plus aiguë ; on arrive sans doute ; attention! Non, pas encore... c'est un tunnel... Mais la voûte passe vite et après... Oh! après, c'est un coup d'œil superbe, merveilleux, presque féérique!... Sortir du noir et voir le soleil briller sur Constantine, s'élevant fière et superbe sur son rocher... Quel beau spectacle !

Nous entrons en gare. Un magnifique état-major est là sur le trottoir et, au delà des grilles, stationne une foule énorme de français et d'arabes accompagnant un détachement de chasseurs et de spahis... Ah! encore une fois que Constantine, détachant sa jolie silhouette sur le ciel bleu, éclatante sous un soleil brûlant, avec cette foule en costumes brillants, est belle, belle de couleurs, superbe dans son décor grandiose et magnifique!

Cependant le rêve que l'on croit faire cède devant la réalité. Et qu'est-ce donc que toute cette foule, tout cet apparat?... Nous ne pouvons pas supposer que nous sommes la cause de ce mouvement et, cherchant à savoir, nous apprenons que l'on reconduit ce qui restait ici de soldats en garnison. Tous doivent prendre le train que nous quittons, le navire qui nous a transportés et aller combattre en France... Ce sont ces braves que nous, soldats auxiliaires, allons remplacer. Honneur à l'armée régulière!

Qu'importe ! Devant ce remplacement, pourtant très logique, notre cœur à tous a battu et, sans forfanterie, je ne sais pas si, en ce moment, nous n'eussions pas mieux aimé retourner avec les partants pour prendre part aussi à la défense de la Patrie..... Aussi, c'est l'âme rêveuse, le cœur triste, que nous montons la grande rue de la ville, qui conduit à la kasbah, où nous devons enfin être sérieusement enrôlés.

17 novembre. — Quand nous sommes arrivés à notre caserne, les chambrées n'étaient pas encore prêtes pour nous recevoir. Elles devaient être nettoyées, assainies et garnies de leurs meubles ordinaires. Où nous caser ? Parbleu, l'escalier est vaste, spacieux, voilà bien notre affaire ! Nous y demeurerons jusqu'à ce qu'on puisse habiter l'appartement.... et nous trouvons moyen de nous y organiser, nous prêtant gaiement à la circonstance. Après tout, en campagne, on n'en a pas toujours autant. Bien heureux déjà d'avoir sur la tête des tuiles qui abritent au lieu de blesser. Aussi, c'est en riant que chacun fait son lit ;... je veux dire : balaye son escalier.

18 novembre. — Nous avons nos chambrées ! Chacun secoue sa paillasse, tape son matelas, s'organise, content d'être enfin définitivement casé et de penser que l'on va pourtant faire quelque chose. Toutefois, en plus de l'inquiétude qui nous poursuit toujours pensant au pays, nous nous sentons froissés de l'accueil qui nous est fait ici ; et, l'esprit triste, le cœur blessé, nous souffrons !.... Oh ! mais c'est qu'il ne sont pas commodes ces messieurs de Constantine. Tout feu, tout flamme, ces naturels de l'endroit, ne comprenant pas notre présence chez eux, accréditent de faux bruits et nous regardent de mauvais œil, sous prétexte que nous sommes des fuyards... On raconte même que d'aucuns, plus fougueux que les autres, voulaient, apprenant notre arrivée, nous recevoir à coups de fusils et nous f.. . dans le ravin. Braves cœurs !

19 novembre. — Dans une construction de notre immense kasbah, en face de celle qui nous abrite, se trouvent càsernés les Mobiles de Marseille. Nous allons être avec eux chargés du service de la ville, ce que nous pourrons bien faire sans nuire nullement à nos exercices. Les dits Mobiles sont parfaitement équipés, eux, et l'on nous laisse espérer que bientôt nous le serons aussi ; c'est très bien !... Nous serions donc très satisfaits de notre sort, si, toujours, une mauvaise opinion ne semblait planer sur nos têtes.... Y-a-t-il pourtant rien de plus injuste, de plus bête même, que de nous reprocher d'être là par notre bon plaisir ? C'est à nous faire sortir de nos gonds ! D'ailleurs pourquoi ce reproche à nous, ni vêtus, ni armés et pas aux Mobiles de Marseille qui, eux, sont, pourtant, tout de neuf habillés et armés de bons fusils... Ce sont eux, avant nous, qui devraient être au combat !

20 novembre. — Tout est changé ! On voulait nous écraser ; maintenant c'est à qui nous embrassera ! O mobilité des opinions, voilà bien de tes coups !

C'est que, devant la situation très tendue entre la population et nous, le préfet est justement intervenu pour proclamer la vérité :

« On se trompait sur notre compte ; nous étions calomniés ! Nous n'avions pas été au feu n'étant pas équipés et, ainsi, nous n'étions pas des fuyards. Au contraire, nous étions les premiers levés de tous les Mobilisés et les Mobiles, nos frères du même département, s'étaient déjà distingués sous Paris. Il n'y avait donc qu'à glorifier la Côte-d'Or dont tous les enfants étaient à leur poste, au premier rang ! »

Il dit, fit afficher sa proclamation et tout fut changé. On raconte même que, dès ce soir, on doit offrir un brillant punch à nos officiers..... Comme cela nous fera du bien !

21 novembre. — Si nous n'avons pas goûté au punch des officiers, nous en avons absorbé de l'autre. Il fallait bien fêter aussi notre réhabilitation. Et, en la fêtant, on a beaucoup conté.

L'un de nous a rapporté notamment, sous toutes réserves du reste, les paroles d'un officier de Mobiles des bords de la Gironde, en y mettant, artistement, l'accent du crû.

— « On nous a levés, aurait dit ce descendant de l'immortelle Gascogne, sous prétexte qu'il y avait des prussiens en France. Alors, vite, bien vite, nous sommes partis. Ils allaient voir un peu !.... Mais nous avons parcouru la Garonne, la Basse-Garonne, la Haute-Garonne, enfin toutes les Garonnes même le Tarn-et-Garonne et le Lot-et-Garonne.... et nous n'en avons pas vu un seul....: Aussi, nous sommes rentrés chacun chez nous, comprenant qu'on nous avait fait une blague. »

Epatants ces braves bordelais !... Car si l'histoire n'est pas vraie, — et je le crois, — il faut se rappeler qu'on ne prête qu'aux riches.

22 novembre. — Nous avons nommé notre commandant définitif, celui que nous avions eu jusqu'alors ne nous ayant été donné que pour notre première organisation. Le nouveau chef est un de mes anciens condisciples ; aussi ai-je eu l'idée de lui demander s'il n'a pas besoin d'un secrétaire.

— Je suis déjà pourvu, m'a-t-il répondu ; mais il en faut un au capitaine d'habillement que tu connais, du reste ; je te présenterai demain.

J'attends et j'espère.... .

23 novembre. — Pas de chance !... Le capitaine d'habillement a déjà constitué son bureau. Deux autres amis sont déjà en place auprès de lui : L'un comme garde magasin, sergent ; l'autre comme secrétaire, caporal.

— Bah ! tu seras planton permanent du bureau et, crois-moi, tu n'auras pas à t'en plaindre, m'a dit, comme consolation, ce cher commandant.

Bref, me voici élevé, d'un coup, au grade précité, quelque chose comme sous-caporal.... Décidément il ne faut pas se lever trop tard dans la vie !

24 novembre. — On s'organise très bien à « l'habillement » et c'est très heureux, car, vêtus comme nous le sommes tous, ce bureau a de l'ouvrage en perspective : Un grand magasin pour les vêtements, sacs, etc. qui pourront nous être accordés, une chambre pour bureau, dans laquelle nous mettons nos trois lits, ce qui nous laissera notre indépendance. Cette installation séparée nous donne en effet toute liberté ; il suffit que nous soyons là à l'heure de l'ouvrage. Ainsi, nous voilà avec permission de la nuit pour tous les jours, ce dont nous profitons pour avoir chambre en ville.

27 novembre. — On nous promet des vêtements et, en attendant, tout fonctionne militairement. Le général qui commande la Place y tient, du reste, la main. Et tous, contents d'être au moins un peu utiles, avons déjà meilleure contenance, malgré nos costumes moitié civils.

Pour moi je suis en plein dans mes fonctions. Je porte les ordres, les correspondances, je me rends à l'intendance ou ailleurs et je reste ravi de mes attributions : Pas surmené, de bons amis pour chefs, une

considération inconnue des plantons ordinaires ; que me faut-il de plus ?... A part le
galon, je n'ai rien à envier et le panache
m'est totalement indifférent.

28 novembre. — A chaque sortie je passe
devant la Mairie où l'on affiche les nouvelles ;..... Mais qu'elles sont rares, les
nouvelles !... On en avait peu en France,...
ici, pas du tout. C'est affreux !... Ah ! de
temps en temps une petite dépêche pour
dire que quatre hulans sont venus de ce
côté ou de l'autre.... La belle affaire ! On
s'en doute bien. Ce que l'on attend c'est
une lutte sérieuse, une victoire décisive, une
solution.... Comme l'on souffre de l'esprit,
du cœur, si le corps n'a pas à se plaindre !

30 novembre. — Si j'avais besoin d'une
consolation à mes modestes, mais précieuses
fonctions, je l'aurais : Mon collègue nommé
chez l'officier payeur est un ami ; dans nos
courses nous nous rencontrerons souvent et
nous pourrons en profiter pour nous rafraî-
chir ensemble quand le devoir nous laissera
quelques loisirs. Et puis cette nomination
arriverait bien à propos pour calmer mes
regrets. — si j'en avais, — d'être au bas de
l'échelle des honneurs... Avant d'être simple
planton, mon collègue portait les quatre
galons de commandant.... O fragilité des
choses humaines !

3 décembre. — Je n'ai encore rien dit de
Constantine, de sa kasbah, des environs ;
pourtant nous avons eu déjà beaucoup de
temps pour nous promener, soit entre les
moments consacrés au devoir, soit le dimanche, jour de congé, soit le samedi, jour
consacré au nettoyage, lequel nettoyage
n'absorbe pas matin et soir, quelque sale
que l'on puisse être.

Pour ma part, je n'use pas du droit laissé au pioupiou de laver son linge sale sans être en famille et, ayant rencontré de par le monde des blanchisseuses, une charmante fille qui veut bien s'occuper de nos affaires, nous accordons, quelques amis et moi, à la promenade le temps destiné aux savonnages.

Bref, traçons une note d'ensemble : Très belle et très vaste cette kasbah où nous sommes, avec ses magnifiques casernes, son arsenal complet, son hôpital, sa manutention ; tout s'y trouve dans cette enceinte puissamment fortifiée, capable de résister aux plus violentes insurrections arabes ; et quelle situation ! D'un côté la rue dont elle est défendue par des tours, des murailles énormes formant terrasses crenelées, par de doubles portes épaisses et ferrées ; de l'autre un ravin profond où coule un torrent impétueux ; de l'autre encore une plaine verdoyante qu'elle domine de sa hauteur inaccessible de 300 mètres.... La ville, elle, s'étend au bas de cette caserne sur le même et immense rocher coupé en biseau, qui, relié à la terre par un point seulement, forme comme une presqu'île s'elevant au milieu des airs ..

Ah ! que cette vue de Constantine se dressant vivante et majestueuse sous le brillant soleil d'Afrique est donc superbe et capable d'émerveiller le regard du plus blasé !

On entre dans la ville, par un terre-plein qui est comme l'isthme de la presqu'île. On y entre aussi par un pont nouvellement jeté sur le ravin, à l'endroit où, très etroit, il est presque dissimulé, en dépit de son immense profondeur et du torrent qu'il recèle au fond de son antre. Et, devant cette situation, si bien fortifiée par la nature, on comprend que cette cité, sous la domination arabe, ait pu. accessible par un seul point, résister si longtemps à nos troupes.

Aux environs de la ville la campagne est assez jolie : de belles routes bien tenues, des villas gracieuses, des champs bien cultivés ; c'est frais, luxuriant de verdure, surtout si l'on descend, au fond, dans la vallée, au pied du grand rocher qui met à l'abri des vents du nord. Là, c'est comme le printemps perpétuel ; toujours on y voit des roses.

6 décembre. — Voilà l'hiver ! Jusque-là nous avions encore joui de l'automne et du soleil dorant les feuilles jaunissantes ; mais un jour de vent terrible est venu et ce fut après, un ciel noir, la neige. . Quoi, de la neige ici ?. . Hélas, oui ! mais disons, du moins que, malgré l'altitude de Constantine, elle est fort rare en ces lieux ,si bien que beaucoup n'en n'ont jamais vu et que les enfants restent ébahis en voyant pleuvoir du coton .... Mais cette neige tient peu sur la ville, on la voit déjà fondre dans la plaine et c'est bien heureux pour les orangers et les habitants des Douars qui ont l'habitude de marcher pieds nus pour ne pas user les bottines qu'ils n'ont point.

8 décembre. — Avec le mauvais temps. moins d'excursions ; alors c'est le café qui nous abrite le plus à nos heures de récréation. Il faut bien se garer quelque part des vents et du froid.

Parfois nous allons au théâtre, qui a rouvert ses portes sur la demande des artistes en détresse, mais nous nous contentons souvent d'un modeste « beuglant » : c'est moins cher et notre bourse est déjà si plate !

Pourtant, quand le ciel est plus clément, nous circulons beaucoup par la ville. Nous flânons le long des rues, regardant magasins et passants, quittant souvent la partie française qui ressemble à toutes nos villes, pour visiter le vieux quartier arabe, lequel, ayant conservé tout son ancien aspect, est, pour nous, plus intéressant et plus pittoresque.

Et c'est toujours avec un certain intérêt que nous voyons toutes ces rues étroites où, comme dans nos boutiques de foire, l'étalage est directement sur la rue, avec cette différence que le marchand arabe reste, accroupi en tailleur, sur la banque même, au milieu de ses articles.

Ici c'est l'orfèvre qui travaille à ciseler quelques bracelets d'argent destinés aux bras ou aux jambes des femmes, des brodeurs de babouches, des marchands de parfums et de pastilles du Sérail ; là, c'est le boulanger, le boucher, l'épicier, le fabricant de cigarettes, tous piétinant au milieu de leur étalage ; enfin tout s'y trouve dans ce bazar prolongé, tout, même l'homme au fourneau, qui, blotti dans un coin, débite des beignets suintant l'huile, comme à Paris, celui qui vend des marrons ou des « frites ».

Et notons que ce ne sont guère que les hommes qui font tous ces commerces. Ici, pas de marchandes souriantes et coquettes comme chez nous, pour achalander les boutiques. Au reste, à peine rencontre-t-on quelques femmes dans la rue ; encore toutes celles que l'on y voit sont-elles du bas peuple et voilées à l'excès... Heureuses femmes de l'Orient ! Pour elles ni la rudesse des travaux, ni le tracas des affaires, pas même le souci de l'intérieur, rien de ces misères ; mais seulement la peine de se laisser vivre dans un décor brillant, dans un air embaumé et la joie de prodiguer des caresses à leur seigneur et maître.... Il est vrai que ce bonheur, elles le payent par la servitude, par l'emprisonnement, presqu'une vie de cloître... Pauvres femmes de l'Orient !... Et comme nos « benoitonnes », toujours dehors, sous ce régime, auraient à souffrir !

Mais si l'on ne peut voir la femme arabe de condition élevée, s'il n'est permis à personne de pénétrer ces murs épais, sans fenêtre sur le dehors, qui bordent les harems, les marchandes d'amour s'offrent, du moins, à tous les regards, le soir en boutiques ouvertes, et, de la rue même, on peut apprécier et choisir à l'étalage.... Et puisque j'ai noté cette exhibition, disons encore qu'il y a, dans ce quartier arabe, où nous errons en ce moment, des hétaïres d'une espèce toute spéciale : Celles-là se trouvent dans de petites demeures à l'aspect parfaitement honnnête et vivent en famille ; des maris, des pères, il n'y en a pas en apparence, cela gênerait ; il n'y a de visible que la grand'mère qui fait le ménage, la maman qui tient le linge, les filles qui se livrent dès qu'elles ont 13 ans et de toutes petites qui grouillent, par là, attendant l'âge.... C'est toujours un peu écœuré que l'on revient de ces tournées nocturnes, se disant qu'il faut être en Afrique pour voir des choses semblables... En Afrique ?... Et en France, donc, ne retrouve-t-on pas parfois des mœurs aussi pures ?

10 décembre. — J'ai dit que notre bourse à tous commençait à s'applatir Hélas ! oui, elle s'applatit, en effet, de plus en plus, même celle des plus riches. C'est que, là bas, en Bourgogne, l'argent est rare et qu'ainsi, les familles ne peuvent nous en envoyer ! C'est que l'on en cherche ici bien en vain : Pas de banquier pour nous écouter, pas un pauvre juif pour nous aider !

Qu'importe ! nous avons l'esprit triste, nous avons besoin de secouer notre torpeur sous peine de faiblir. Et nous continuons de dépenser toujours, de jouir de nos derniers sols, espérant en l'avenir, comptant sur l'imprévu, riant de notre misère future.

Aussi ces bons Constantinois ne demandent-ils plus qu'on nous jette dans le ravin. Ils aiment mieux jeter dans leurs poches les pièces de cent sous que nous leur donnons.

C'est égal ! que ferons-nous quand nous n'aurons plus rien ? Nous paierons notre imprévoyance, en vivant de privations?... C'est peu réjouissant.

12 décembre. — Tout n'est pas rose sur le sol d'Afrique !... En dehors de nos inquiétudes, de nos tourments il faut encore payer son tribut au climat. Que de malaises déjà pour beaucoup, que de fièvres pour tous !! Chacun à son tour se sent détraqué, ramolli. Mais le plus terrible, c'est que la variole est venue nous visiter et que l'épidémie semble s'accentuer : Plusieurs des nôtres ont déjà été transportés à l'hospice et d'aucuns, hélas ! y ont succombé... Ah ! encore un convoi que, de la fenêtre, j'aperçois défiler.... Pauvre Mobilisé !... Tu laisses ton corps à l'Afrique sans combat, mais ta mort est, quand même, l'image du sacrifice pour la Patrie. C'est pour elle que tu es parti et que tu es mort.... Honneur et salut à ta dépouille !

13 décembre. — On a commencé la réparation de nos fusils. Chaque compagnie, à son tour, les porte à l'arsenal. Déjà quatre compagnies ont repris leurs armes. Or, de la déclaration officielle du chef armurier, chargé de les revoir et réparer, pas un seul

— Pas un ! — n'aurait pu partir... Et l'on nous reprochait de ne pas voler à l'ennemi, et l'on a failli, moins une voix, — moins une voix. — nous envoyer battre à Dijon !!. Je n'insiste pas. Cela n'a pas besoin de commentaires !

14 décembre. — Une petite histoire : En arrivant à Constantine chacun avait choisi son café selon ses goûts. Or, avec quelques amis, nous avions adopté le café Charles, le plus beau, le plus vaste et le mieux situé de la ville ; ajoutons à ces qualités que sa propriétaire, « Madame Charlotte » est la femme la plus aimable et que le garçon « Chalum », un fort bel arabe, est le plus complaisant des garçons et on conviendra que nous avions beaucoup de raisons pour nous y plaire..... Mais il se trouve que ce café est, précisément, celui que fréquentent les officiers de la Place, et de là sortit une tempête.

En effet, malgré nôtre bonne tenue, — du moins, je l'espère, — nous choquâmes, paraît-il, les grands chefs et, au rapport l'on nous a fait savoir que les soldats ne devaient plus fréquenter cet établissement.

— Boum ! Plus de bocks à terrasse ; plus !

Et nous sommes allés déguster notre moka ailleurs.

Pourtant nous avons vite revu, sur sa porte, la gracieuse Madame Charlotte et comme elle nous invitait à franchir son seuil.

— Impossible ! chère madame. Par ordre !

— Ah ! vraiment ? Eh bien, nous verrons !

Et Charlotte est allée trouver de suite le général.

— Plus souvent que vous allez m'enlever mes clients !... So'd z-moi donc seulement les notes de vos officiers...

— Oh ! Charlotte, Charlotte !! reprit doucereusement le général.

— Pas d'...ça !... Je veux mes petits mobilisés et... je les veux ! Après tout ce ne sont pas des soldats ordinaires ; ... au reste, vous ne pouvez pas m'empêcher de leur offrir un punch, n'est-ce pas ?.... Et bien, je le leur offrirai !

— Calmez-vous, douce Charlotte !... on fermera l'œil.

Et nous sommes revenus quelques-uns à nos anciennes tables... Et, comme avant, nous pouvons prendre encore notre aperitif au grand café de la ville, en admirant, dans le lointain, au fond de la salle, les galons de nos « grosses legumes ! »... Oh ! bonne Charlotte !!

16 décembre. — Il paraît que l'on manque de sujets dans les bureaux arabes ; on demande des hommes pour combler les vides. Et, malgré qu'il soit nécessaire, paraît-il, d'être au moins sergent pour être agréé, je suis allé me présenter au commandant desdits bureaux et je lui ai exposé ma situation... Notons vite que ce commandant, très distingué, m'a reçu admirablement, ce dont je reste encore tout etonné, pauvre soldat que je suis !... Il m'a promis de m'appuyer, de me proposer pour sergent, au besoin, vu le cas... Quoi! moi, sergent? mieux que cela peut-être ?... J'en deviens fou !... Et si je suis revenu satisfait de ma reception, je n'espère guère, quand même, en l'avenir.... Le jour est passé où l'on devient, comme ça, d'un coup, commandant par l'élection.

19 décembre. — Que venons-nous d'apprendre ! Hier, 18 Décembre, une bataille terrible s'est livrée à Nuits. dans notre pays même !... Que d'inquiétudes !... Et pas de détails précis. Pour en savoir, il nous faut attendre le courrier de France... Ah ! quelles angoisses!!

20 décembre. — J'ai demandé des renseignements sur les bureaux-arabes. En vérité, j'aurais dû commencer par là ; mais on ne pense pas à tout.

On m'a dit : « Le Bureau-arabe est une espèce de Sous-Préfecture, de Tribunal, etc. Les titulaires cumulent tout et raflent tout. Ce qui explique qu'avec les maigres appointements qui leur sont attribués, ils vivent très bien : Comme représentant de la France, le chef du Bureau-arabe est en rapport constant avec le Kaïd, qui, pour avoir sa protection. le flatte et lui prodigue ses largesses ; comme juge il condamne et empoche les amendes, le tout sans contrôle, sans procédure.... Voulez-vous des exemples ? Ecoutez encore : Deux arabes plaident l'un contre l'autre ; vous dormez pendant leurs plaidoiries et, au réveil, vous dites au premier: Tu as tort, cinquante francs d'amende ! » Au second vous dites : « Tu n'as pas raison, cinquante francs d'amende ! » Bénéfice : 100 francs !! C'est simple et lucratif... Voulez-vous un autre exemple ? Ecoutez toujours : Un mari se plaint de l'infidélité de sa femme ; celle-ci réplique qu'elle est battue. Alors vous enfermez le mari pour soustraire sa compagne aux coups et, pour étudier si la femme est fidèle, vous la prenez pour vous... Plus tard, quand vous en avez assez, vous lâchez le mari, vous lui dites qu'il a tort, que sa femme est parfaite et ... vous le condamnez à cinquante francs d'amende... En résumé, si vous entrez dans les Bureaux-arabes, vous n'avez pas à vous inquiéter de vos appointements... ni du reste. »

Voilà, pourtant, comme l'Empire a organisé la colonisation de ce beau pays d'Afrique. J'espère bien que la République va modifier tout cela.

Bref, je n'ai rien à regretter, — au contraire ! — en n'entrant pas dans les Bureaux-arabes.

21 décembre. — En allant rendre visite au commandant des Bureaux-arabes j'ai vu l'ancien palais du Bey, dans lequel se trouve installée cette administration.

Et si j'ai ouvert de grands yeux pour admirer surtout la cour principale toute dallée, ornée au centre d'une belle fontaine à bassin octogone, entourée d'arcades à colonnes turques supportant des arcs outre-passés et decoupes en lobes, lesquelles forment une galerie surelevée... je les aurais volontiers fermés, devant les peintures qui couvrent certains panneaux.

C'est que si, là, l'a t de l'architecture arabe est dans son beau avec ses ogives gracieuses, ses doubles cintres, avec ses sculptures bizares, ses charmantes découpures ; ici, c'est de la peinture absolument ridicule : Un ciel bleu cru, barbouillé à l'indigo pur, une mer quasi aussi violente avec un navire qui, assez rapproché, n'est guère plus gros qu'un oiseau rouge vermillon perché sur un palmier vert pomme et comme collé sur un tertre en chocolat ; ainsi des autres panneaux.

Ah ! mais comment s'expliquer cet association disparate d'une architecture admirable et d'une peinture grotesque ?

J'ai demandé et l'on m'a dit la légende, peu ancienne du reste : C'était avant notre occupation ; un français, — on ne sait plus au juste pour quel motif, — avait été incarceré dans la prison du Bey ; cet homme, cordonnier de son état, s'amusa, pour tuer le temps, à faire quelques dessins sur les murs de son cachot... Oh ! quels dessins !... Qu'importe !.. On les remarque, le Bey en entend parler, veut les voir et, lui aussi, trouve superbe ; si bien qu'enthousiasmé même, il condamne le grand-maître prisonnier à décorer son palais, lui promettant, comme récompense, et sa grâce et mille faveurs. Naturellement le savetier s'empressa d'exécuter les peintures que l'on peut voir encore....

Mais enfin cette légende n'explique point comment un peuple, jadis artiste, a pu en arriver là.... O décadence ! voilà bien de tes coups !

22 décembre. — J'ai eu cette nuit un violent accès de fièvre et il m'est venu quelques boutons... J'ai pensé tout de suite que j'allais, à mon tour, payer ma dette à l'epidémie et que ce serait peut-être fini de ma carcasse.... Mais le docteur que j'ai mandé m'a dit que ce ne serait pas pour cette fois encore... Amen !.... En attendant d'en être bien certain, seul dans ma chambre, étendu sur mon lit, je me repose et me console en meditant le profond proverbe arabe qui dit : « L'homme est mieux assis que debout, couché qu'assis, mort que vivant !! »

23 décembre. — Nous venons d'avoir une éclipse totale de soleil... Je n'en avais jamais vu d'aussi brillante ;... pardon !... je veux dire d'aussi sombre. Chacun regardait pour voir qu'on ne voyait rien. Et les oiseaux étaient effarouchés, et les chiens

44

hurlaient et la vie toute entière semblait
troublée... — C'etait lugubre !

24 décembre. — Le canon ne tonnera plus
chaque soir, comme il le faisait depuis
quarante jours, au coucher du soleil pour
dire aux arabes : « Mangez ! ». jusqu'au
nouveau ramadan, ils pourront vivre à leur
guise. Aussi s'en sont-ils offert. hier, ces
pauvres « arbis » de la galette à deux sous
et des beignets à l'huile ; se sont-ils assez
bourré de couscou... C'etait juste, au reste,
qu'ils se rattrapent un peu, après un si
long jeûne, car, vraiment, c'était pitié parfois de les voir, affamés, tourner entre leurs
doigts une brioche, attendant impatiem-
ment le signal du canon pour la porter à
leurs lèvres... O scrupules religieux !...
Enfin, puisque les scrupules existent. nous
aussi, nous en aurons : Et, nous ne passe-
rons pas Noël sans le fêter. A minuit,
quand nous ne nous offririons qu'une modeste sauci se fumée,... nous ferons le
réveillon. Une occasion, du reste, de boire
à notre chère France !

30 décembre. — Si les jours s'écoulent
lentement dans le malheur, ils passent
quand même et voilà l'année à son déclin..!
Que nous réserve celle qui vient ?... Qui
pourrait le prévoir ? En attendant il n'y a
pour nous que tristesse, malgré les petites,
bien petites distractions que nous pouvons
prendre. Et, sous le brouillard épais qui
nous enveloppe, on voit noir. Les enfants,
eux-mêmes, sans comprendre, n'ont pas de
rais n pour se réjouir, en pensant aux
étrennes ; car les rues, le soir, restent som-
bres, les boutiques se parent mal ; il n'y a
pas de nouveautés aux étalages, partout ce
n'e t que « rossignols » ; les articles algé-
riens, eux-mêmes, font défaut et cela se
comprend ;... Paris est bloqué !

1871

—

1er janvier. — C'est le jour des souhaits. Oh ! alors que de vœux à exprimer.. : Souhaits pour ceux qui sont là-bas au pays ; souhaits pour nous, pour tous enfin, pour la France !... Malheureusement les désirs, en ce bas monde, sont bien loin de la réalité !.. Qu'importe, fêtons ce grand jour ; ce sera toujours autant de pris sur l'ennemi. Au reste le mauvais soldat c'est celui qui regrette son pays ; le bon troupier celui qui rit quand même : Donc oublions, rions si c'est possible et restons fidèles à nos postes.

3 janvier. — Ai-je noté que ceux qui mangeaient au restaurant n'avaient point, dès lors, l'emploi de leur pain de munition ?... Je ne le crois pas. Disons donc que comme il n'y a pas de petits bénéfices honnêtes à dédaigner quand on n'est pas riche, — et hélas ! nous ne le sommes guère, — nous cherchons toutes les 48 heures à vendre la boule de son qui nous est octroyée. Nous appelons cela : spéculer sur les farines ! Nos clients sont des arabes.. A o fr. 30 la miche quand le commerce ne va pas, à o fr. 35 quand les affaires marchent fort. On discute entre ces deux prix.

Quant à notre portion de bouillon, café, bœuf et rata, etc... c'est le bénéfice de nos camarades qui mangent à la caserne. Cela renforce leurs rations ; aussi personne ne se plaint de nous voir dîner en ville ;... au contraire !

6 janvier. — O bonheur ! Par l'intermédiaire d'une banque, il m'est arrivé ce matin, sous forme de pièces de cent sous, un bon souvenir de la famille, sur lequel je ne comptais point. Vite je suis allé payer ma propriétaire, vis-à-vis de laquelle, je le confesse, j'étais un peu en retard.

Près d'elle je voulus m'excuser, mais ce fut inutile, car, loin de me blâmer, elle ne comptait pas encore sur mon terme. Décidément j'ai pour moi le modèle des propriétaires... Modèle ?... Ma foi, peut-être bien, car, la regardant mieux, dans cette dernière visite, je l'ai trouvée charmante cette jeune veuve de plusieurs maris, qu'ici on surnomme « la lionne ».

Plus charmante encore quand, tout en causant avec elle, dans son boudoir tendu de peaux de tigres et garni de bibelots orientaux :

— Pourquoi ne venez-vous pas me voir quelquefois, me dit-elle ? Ce serait pourtant aimable de la part de mon locataire...

— Je le voudrais, chère madame ; mais vous le voyez ;... je ne suis que soldat,... que ferais-je au milieu des grosses épaulettes qui fréquentent vos boudoirs ?

— Qu'à cela ne tienne, a-t-elle repris ; ce soir je serai seule. Voulez-vous venir prendre le thé avec moi ?

J'irai.

7 janvier. — Je me suis rendu à la gracieuse invitation qui m'a été faite et, « La lionne » et moi, nous avons dégusté notre thé dans des tasses orientales, assis sur de moelleux divans, nos pieds noyés dans des fourrures ; nous avons fumé quelques cigarettes opiacées du Levant, regardant nos fumées s'envoler en spirales de mille formes, laissant notre imagination voltiger à leur suite.

Et si, d'abord, nous avons parlé un peu de tout. nous nous sommes. après, comme deux philosophes en vacances, lancés dans les dissertations les plus vagues....

« ... Que l'Algérie, comme la France, avait eu ses jours de vie tapageuse et de splendeur !... Tandis que Paris étincelait, ici, aussi, l'on etait tout à la joie. C'était des fêtes sans nombre réunissant l'élite du monde, toutes brillantes, animées et pittoresques. Une fois, à Constantine, on avait dansé sur la place même, une de ses nuits limpides et éclairées comme il n'y en pas ailleurs. Alors que de rires, que de gais refrains, que de champagne versé à flots dans les coupes... Maintenant ce n'était plus que mauvaises nouvelles, la tristesse. le desespoir, la mort !... Au reste n'était-ce pas cet excés de jouissances qui avait fait tout le mal ?.. Enfin tout reviendrait peut-être à l'espérance ; mais que de jours il faudrait !... Encore que serait la vie après ? Quand on retrouverait ces satisfactions passées, que serait-ce? puisque, maintenant, on le sentait bien, tout ce brillant n'était que factice et éphemère. la préface du malheur.... Ah ! les vents fouetteront longtemps la terre avant qu'une paix heureuse règne sur notre monde, car les sables du désert seront dispersés avant que la sagesse soit du domaine des hommes !... Ici bas, ce ne sera jamais que bouleversement perpétuel au frais des peuples, que cahos infernal où l'homme luttera instinctivement pour sa vié, comme si la raison ne lui disait pas que sa mort est son plus beau jour. Pauvre être humain ! Toute sa consolation sur cette terre aride pour son corps chetif, c'est d'elever sa pensée, de sortir de la matière, de se créer un monde imaginaire, de planer dans des régions éthérées et de quêter dans l'amour quelques parcelles de bonheur !... »

Je ne sais au juste où nous en étions arrivés en discourant ainsi, quand l'heure me fit rentrer au logis.

Ce matin, j'ai la tête lourde... L'opium sans doute ?

8 janvier. — Comment se fait-il que je n'aie pas encore remarqué ce qui m'a frappé aujourd'hui ?... Je me le demande. La vérité est que ces petits bourriquets, que je trouvais déjà si gentils, se sont révélés à moi avec une nouvelle qualité encore... Oui, ces petits êtres si charmants, si coquets, ne chantent jamais !... Comment cela ?... Parce que, leurs propriétaires, pour ne pas avoir les oreilles fatiguées, fendent les naseaux à leurs malheureuses victimes, ne leur permettant pas même, ainsi, de pouvoir causer entre elles de leurs misères... O cruauté des hommes !

9 janvier. — Souvent je passe devant la mosquée et toujours je me plais à regarder ce monument, lourd peut-être dans son ensemble, mais agréable dans son style mauresque, avec ses tailles et ses briques, avec ses ouvertures à ogives outre-passées, ces clochetons de formes bombées, cette tour dominant tout, du haut de laquelle le prêtre mahometan invoque Dieu et lui adresse ses prières.

Mais je n'avais jamais encore pénétré dans ce sanctuaire, non pas que la curiosité, l'art, ne m'y attirassent, seulement parce que, — détail bien vulgaire ! — je devais pour entrer, laisser mes bottines à la porte.

C'est ainsi, pieds nus, que pour être respectueux, on doit pénétrer dans ce temple, ou mieux ce lieu de prières, — car l'islamisme n'a qu'un temple : la Mecque, — de même chez nous, dans un lieu saint, on entre la tête nue ; la manière d'exprimer le respect étant de pure convention...

Ah ! je sais bien que je pouvais entrer en enfreignant cette coutume religieuse, comme je pourrais aussi entrer dans une église le chapeau sur la tête ; mais pourquoi blesser les fidèles dans leur culte ? On est libre de penser ce que l'on veut, mais quand on va chez les autres, il faut, au moins, ce me semble, avoir l'esprit de ne pas les froisser.

Bref, pour ne pas avoir à me déchausser et pour ne pas blesser le musulman en ne le faisant point, je m'étais abstenu jusqu'alors... Pourtant je voulais voir... Aussi, aujourd'hui, je me suis résigné et, une bottine dans chaque main, — car mon respect pour l'islamisme ne va pas jusqu'à la confiance absolue dans tous ses adeptes, — je me suis promené à travers la mosquée, marchant le plus possible sur les nattes qui s'étendent en sentier sur les dalles glacées.

Et j'ai vu ces voûtes épaisses que soutiennent des colonnes trop courtes, remarqué l'aspect sévère de cette construction imposante et l'effet frappant, produit sous ces arcades, par la lumière coupant l'espace sombre de brillants rayons.

Et j'ai admiré une petite chapelle spéciale presqu'en forme de grotte, composée d'une superposition de prismes creusés en alvéoles qui font l'effet de stalactites naturelles.

Et je suis arrivé à la « mehrub » le lieu le plus vénéré de la mosquée, où, sous un jour plus brillant, se célèbre le culte. Ici c'est le pupitre où repose le Coran, là une tribune, d'où l'iman annonce l'heure de la prière et, à droite, la chaîre où le Dieu de Mohammed, par l'organe d'un homme, fait entendre sa voix.

Puis, je suis sorti et j'ai remis mes bottines avec plaisir, car, déjà, je commençais à avoir froid aux pieds.

10 janvier. — En dehors des petites mauresques, marchandes de sourires, il y a, ici, les petites juives que leur nature mercantile jette aussi sur la place de Cythère; il y a encore de petites françaises qui ne veulent vivre que de leurs baisers;... mais il n'y a pas lieu de parler de toutes ces belles, car, dans tous les pays, sous toutes les latitudes, elles ont les mêmes manières et le même langage qui se comprend toujours. Pourtant une jeune blondinette, jolie à croquer, vaut une légère exception : Rencontrée par l'un de nous, errante et malheureuse, sans gîte et sans ressources, elle est accueillie par notre bande qui lui offre un secours d'ami. Celui-ci lui servira de papa, cet autre sera son oncle, celui-là son frère, cet autre encore, son cousin. Toutes les parentés y passent, selon nos âges. Il y a bien aussi, pour cette charmante enfant, celui qui deviendra son petit mari...

Bref, elle nous dit son histoire. Etrange ! Elle est de France, du midi, près de Marseille ; de race noble, sa famille est bien posée. Elle s'enfuit parce que ça n'allait plus chez elle. Sa mère, riche encore, mais méchante et cruelle, s'était séparée de son père ruiné et misérable. Elle était partie avec une jeune camériste, à la tête folle, aux idées fantasques, aventurières, et, toutes deux, étaient venues échouer à Tunis. Là, traînant sur le pavé, elles avaient rencontré une vieille matronne aussi astucieuse que perverse, qui exploita leur jeunesse et leur pauvreté. Elle avait enfin lâché sa suivante, s'était réfugiée à Constantine, où, seule, elle se trouvait plus à l'aise n'espérant pourtant rien que du hasard.

Elle nous dit tout cela avec force détails inouïs et nous restâmes ahuris devant cette charmante fille de seize ans qui aurait dû devenir une honnête épouse, une bonne mère et qui, sous l'effet d'une mauvaise direction, d'un coup de tête, de conseils ignobles et insensés, s'avançait hardiment dans une vie toute de folie, de fange et de misère, sans se soucier nullement de ce que l'on pouvait lui dire.... Le vice s'était déjà emparé d'elle... il était trop tard !

Pourtant, avec les secours qu'elle trouva elle put se créer un petit intérieur : Une natte sur le sol, un divan turc, une lanterne arabe, un thé mauresque, le nécessaire, enfin, pour recevoir un ami...

Et quand, passant devant sa maison, ceux qui s'aventuraient parfois à monter son escalier tournant dans une vieille tour, pour prendre des noûvelles de la « baronne » disaient, sortant de son simili-salon, qu'ils étaient allés « dans le monde. »

13 janvier. — Ce matin grand tralala à la caserne. Le général passait en revue les Mobilisés de la Côte-d'Or. Dès lors, chacun à son poste ! Et tandis que les autres se tenaient raides, la main sur la couture du pantalon, moi, je flânais dans les rues, car mon devoir, comme planton, est d'être en course.... Ajoutons que, dans ma promenade, je rencontrai mon collègue de chez l'officier payeur qui, ayant eu la même pensée que moi, s'était offert aussi un petit tour de ville.

Et, de notre rencontre, il résulta, naturellement, un choc,... celui de deux verres que nous vidâmes, en buvant à la revanche des plantons !

15 janvier. — On m'avait déjà parlé souvent d'une secte religieuse toute spéciale et bien étrange par ses rites ridicules et grotesques. J'ai voulu voir et hier j'ai assisté à une cérémonie de ces malheureux Convulsionnaires.

C'est en plein quartier arabe, dans une rue étroite qu'il faut aller, pour trouver le local où se réunissent chaque semaine ces hallucinés qui voient dans les souffrances terrestres la certitude de récompenses futures. Une porte basse dans une maison simple à petites fenêtres irrégulières et grillées ; c'est là ! Je pénètre timidement craignant d'être indiscret, ne sachant pas jusqu'à quel point ce culte est public ; mais on ne m'arrête pas et me voici au premier rang, pour assister à la cérémonie qui, déjà, bat son plein.

La salle est grande, dallée, et de massifs piliers de pierre en soutiennent la lourde voûte. Les murs sont complètement nus, tout est noir et crasseux dans cette enceinte modestement éclairée par quelques lampes fumeuses. Que s'y passe-t-il ?

Au milieu sont accroupis, appuyés contre une des colonnes, deux vieillards à longue barbe blanche. Par leurs gestes on comprend que se sont eux qui président à la cérémonie. Les prêtres, sans doute ?... Plus loin, dans un coin, toujours assis en tailleurs, quelques hommes tapent sur des tam-tams pour animer et agrémenter la fête. Ce sont probablement les organistes du lieu... Et les fidèles, pieds nus, tous à la queue-leu-leu, comme quand, gamins, nous jouions au canard, tournent et retournent dans la salle, chantant à qui mieux mieux ;... c'est une espèce de procession.

Mais cet exercice prend fin ; à autre chose maintenant : Cette fois les fidèles se donnent le bras, forment une grande ligne, tapent des pieds sur la dalle et leurs chants deviennent des cris. On croirait que le pavé est brûlant et que ne pouvant y appuyer les pieds ils les lèvent vivement, tour à tour, pour atténuer la souffrance qui leur arrache de véritables hurlements...

Et la comédie va son train. Ce ne sont que contorsions extrèmes, hurlements ; les hallucinés deviennent fous. Ils se séparent, errent de tous côtés dans la salle et se livrent à des exercices impossibles : Celui-ci avale des clous, cet autre se flagelle, un troisième se frappe d'un sabre qui heureusement ne coupe point. Chacun fait son tour et je me demande si je vois des croyants ou des clowns.

Mais voici le bouquet : Les prêtres allument du feux et, au milieu des flammes brillantes, assez puissantes pour monter jusqu'à la voûte, tous les hallucinés se précipitent. Ils passent et repassent dans ce foyer comme pour couronner leurs sacrifices... Devant ce spectacle, je parais inquiet ; un voisin le comprend, me rassure :
— C'est du feu qui ne brûle pas ; me dit-il... Je respire !

Enfin tout s'éteint ; après la lumière, c'est l'ombre ; et chacun se retire. Avec tous, je m'éloigne méditant sur toutes les simagrées dont j'avais été témoin, faisant des rapprochements entre les religions, concluant à la bêtise des hommes qui durera sans doute longtemps encore, sinon toujours !...

19 janvier. — Nous avons eu l'autre jour une tempête terrible. Il semblait que toutes les maisons allaient s'effondrer. Aussi que de cheminées et de contrevents à réparer !.. Et, sous cette bourrasque puissante, nous rappelant nos heures passées sur mer, comme nous avons plaint les pauvres passagers à la merci des flots !... Mais non. Il paraît que cette tempête ne fut que terrestre... Encore une bizarrerie du dieu des vents !

Toutefois, ce fut comme la fin de l'hiver pour nous. Depuis ce grand balayage de nuages, le ciel est clair et le soleil, déjà fort, réchauffe agréablement l'atmosphère. Aussi avons-nous déserté les cafés pour reprendre nos promenades en ville en attendant de recommencer nos excursions au dehors, dans la campagne.

Donc de nouveau nous circulons par tout le quartier arabe : dans les rues marchandes formant comme un grand bazar, dans les rues bourgeoises, étroites, parfois voûtées, longeant des murs percés de rares ouvertures qui sont fortement défendues par des grilles ou d'épaisses portes ferrées.

Et, de sa promenade, chacun revient avec quelque chose. Celui-ci a choisi un bracelet d'argent, une broche de corail ; cet autre un foulard aux couleurs éclatantes et variées ; celui-là a préféré une boîte de dattes, un objet en bois de senteur. On achète du henné pour teindre les mains et les ongles, du noir pour allonger les yeux, des babouches ou autre article en cuir brodé. . que sais-je ? Il faut bien emporter quelques souvenirs d'Algérie et pouvoir, quand on rentrera au pays, offrir un bibelot à sa mère, à sa sœur, à sa fiancée.

21 janvier. — Petit incident : Je dînais hier au restaurant avec un ami ; on était au dessert. La « baronne », (la petite blonde), passa près de moi et, se penchant, me dit tout bas :

— Mon père m'a retrouvée !

— Ah !

— Il est là.

— Où ça ?

— Derrière toi.

— Ah bah !

— Tu n'as pas une vieille chemise ?

— Oh si !

— Pour lui ?

— Impossible, je n'ai que celle-là !!

— Enfin, tu verras...

La « baronne » est passée près de son père, comme si elle ne l'avait jamais connu, a gagné sa table habituelle et s'est fait servir.

Et, me retournant, j'ai vu un monsieur d'une cinquante d'années porteur de je ne sais quelle décoration et d'un habit très rapé... en train de finir son déjeuner.

Je fis comme lui.

25 janvier. — Nous avons des képis tout neufs, des sacs superbes, nous allons recevoir des vareuses.... Comme nous serons beaux pour rentrer au pays !... Je dis rentrer, car, au point où en sont les choses, il n'est pas possible que cela dure longtemps ainsi.... Fatalement, Paris doit sortir en masse, tenter un dernier coup, ou se rendre devant la faim. En attendant les courriers ne signalent rien, le télégraphe est comme mort... Que penser d'un silence si long et quelle fin cela nous présage-t-il ? Une grande victoire ?... ou la mort ?

26 janvier. — .A force de courir la ville, d'errer de nouveau dans la campagne j'ai attrapé un gros rhume et, par ordre, je le soigne... Je tisonne mon feu fait de quelques branches d'olivier et, ainsi, j'ai le temps de penser et de méditer.... Je pense à la France, aux difficultés qu'elle va traverser ; je songe à nos misères, au désarroi de nos affaires abandonnées, à nos soucis de mille sortes.

Je médite sur les hommes, sur leurs associations, sur les peuples et, revoyant dans ma pensée les douars que je visitais l'autre jour, je me demande si ce n'est pas encore dans cette vie d'isolement, au milieu de l'infini, que l'homme peut, seul avec sa femme, ses enfants et son champ, trouver le plus de bonheur. En somme, nos besoins ne sont grands que parce que nous les avons faits ainsi, mais, en réalité, ils sont bien minimes. C'est la civilisation qui nous a perdus ... Et dire que c'est sous prétexte de progrès qu'on veut imposer cette même civilisation à ceux qui n'en ont que faire... O despotisme !...

Mais que dis-je ? On sent bien que j'ai du rhume! Atchoum ! Atchoum !!

29 janvier. — Le télégraphe a parlé ; mais, hélas ! bien triste la nouvelle. Paris bombardé, puis armistice signé... C'était fatal !... Quelle paix maintenant ?

30 janvier. — Une dépêche annonce aujourd'hui la convocation des électeurs. On veut, pendant l'armistice, paraît-il, constituer un gouvernement plus régulier pour discuter avec la Prusse. Ceci est très juste ; mais, il faut l'avouer, peu commode. Pas facile, en effet, de procéder à des élections générales dans les conditions où se trouve notre pauvre France.

2 février. — C'est à n'y plus rien comprendre tant les dépêches qui nous arrivent sont embrouillées, confuses et contradictoires.

Enfin que se passe-t-il ?? Le Gouvernement est-il à Paris ou à Bordeaux ? Y en a-t-il deux ? Mais alors ce serait donc la guerre civile ?... Hélas ! je le redoute.

9 février. — Il va y avoir une élection à Constantine pour nommer le député de la circonscription... Nous aussi, nous devons, voter le même jour et nos voix seront transmises au département de la Côte-d'Or... Soit ! mais qui nommer ? En effet nous ne savons pas ceux que l'on propose, là bas, au pays. Enfin, votons toujours. On connaît bien certains noms honorables, à la hauteur de notre situation malheureuse... Mettons-les dans l'urne !

10 février. — Nous apprenons que Beaune a été envahi par l'ennemi... Heureusement encore, cela n'a eu lieu que la veille de l'armistice. Ainsi, l'occupation étrangère a dû être moins dure... Ah ! que tout s'y passe bien relativement à la triste situation où elle est, notre chère cité !

12 février. — Les députés sont nommés et vont se réunir... Voilà tout ce que nous savons... Ah ! les nouvelles ne passent pas facilement la mer, paraît-il. Aussi, si d'aucuns souffrent plus que nous physiquement, nous pouvons dire qu'ici nous restons accablés par l'inquiétude.

13 février. — Dernières nouvelles : Un soulèvement d'Arabes du coté de la Kabylie. Quelle sera, pour nous, la conséquence de cette insurrection ?... Allons-nous partir en colonne pour châtier les rebelles ? Ce serait drôle de guerroyer un peu en attendant la paix qui doit, nécessairement, licencier les Mobilisés. D'ailleurs, puisqu'il n'y a presque pas d'autres troupes que nous ici, notre départ est bien naturel.

14 février. — C'est décidé ; nous partons et le modeste planton de l'habillement n'a pas été oublié. C'est son bon et aimable

lieutenant qui le remplacera dans les courses.
Donc demain, en route, pour triompher des
Arabes. Je nous souhaite bon voyage !

15 février. — Je suis prêt pour faire campagne ; mais je me demande ce qu'elle est,
cette insurrection qui nous enlève à nos
vieilles habitudes de garnison. C'est que
chacun sait, ici, qu'il y a insurrections et
insurrections, comme, chez nous, il y a fagots
et fagots... Il y a d'abord l'insurrection
réelle, assez rare maintenant. Il y a ensuite
l'insurrection de circonstance, fomentée par
l'administration même. Il y a, enfin, l'insurrection imaginaire, qui n'est qu'un prétexte
à faire colonne... Les premières offrent
quelquefois de réelles difficultés ; les deu-
xièmes sont généralement vite réprimées ;
quant aux troisièmes, elles sont, naturellement, vaincues d'avance. Il va sans dire que
ces deux derniers genres d'insurrection sont
à l'usage des officiers qui ont besoin d'avancement ou de décorations.

Bref, je me suis laissé dire que le soulèvement que nous avions à combattre était
de la catégorie n° 2, sinon de celle n° 3...
Nous verrons bien.

16 février. — Nous sommes partis hier,
après déjeûner, et notre bataillon faisait
plaisir à voir. Jamais plus bel entrain pour
aller en guerre. En vérité, nous n'étions pas
fâchés de sortir un peu. Et tous, nous
chantions le joyeux refrain des « Enfants de
la Bourgogne, » tandis que des fenêtres et
de la chaussée, chacun saluait notre gaieté
et notre bonne humeur.

A six kilomètres de Constantine, dans
un site assez joli, l'on fit halte, le temps de
casser une croûte, de boire un coup à la
rivière qui coulait près de nous ; puis nous
reprîmes la marche jusqu'au bout de la

première étape, assez courte, du reste. Mais nous étions partis très tard, et, déjà, le soleil baissait à l'arrivée. On n'eut que le temps de faire un peu de bouillon, de dresser les tentes avant la nuit.

Je note vite, avec fierté, que pour la première fois que nous campons, nous nous sommes très bien tirés d'affaire : bonne soupe à l'arrivée, camp bien aligné, ce matin excellent café... Mais je n'insiste pas sur ces détails : je suis, du reste, très mal pour écrire, et puis, on sonne pour le départ.

Allons voir un pays nouveau.

17 février. — Nous sommes sur le territoire de Milah, petite bourgade à la silhouette coquette, élevée au milieu d'une luxuriante oasis. Nous avons planté nos tentes sur le plateau même qui porte la ville, charmant site qu'arrose une petite rivière bordée de palmiers. D'un côté, tout près, nous avons les vieux murs d'enceinte de la cité, de l'autre, dans le lointain, les hautes montagnes de la Kabylie.

Dans ce décor, notre camp se présente brillant et superbe. Ici, c'est notre bataillon, un petit détachement d'artillerie qui nous a accompagnés avec deux canons de campagne ; là, une partie des mobiles de Marseille ; d'un côté, quelques cavaliers, chasseurs et spahis ; de l'autre, un petit corps de volontaires francs-tireurs ; au milieu, se dressent les grandes tentes du général et de son état-major...

Et, ainsi, ce paysage vivant, laisse, sous le soleil qui le dore, la plus agréable impression : un tableau magnifique de dessin, de couleur et de lumière.

Décidément, nous sommes contents tous d'être sortis de Constantine, surtout qu'on annonce un séjour dans ce charmant paysage,

en attendant les événements. Quels évène-
ments ? Je ne sais, mais on pourrait croire
que la situation est grave (car on nous
interdit de nous éloigner du camp sans être
en nombre et armés), si nous ne voyions
des officiers supérieurs, bien au courant des
choses, s'en aller tout seuls en guerre contre
quelques inoffensives perdrix. En vérité, je
crois que nous n'avons devant nous qu'une
insurrection n° 3, et qu'ainsi nous allons
faire une jolie promenade.

Malheureusement, pour ce qui me concerne, mon étape d'hier, assez pénible du
reste, m'a déjà mis en fort mauvais état ;
quand on n'est ni marcheur, ni entraîné, il
est dur de s'en aller avec armes et bagages
dans des chemins à peines tracés, passant
parfois à travers des rochers escarpés, difficiles à gravir. Enfin, mes pieds entamés
seront peut-être bientôt guéris, si l'on
séjourne un peu ici et, après, plus habitué
déjà, je supporterai mieux marches et
fatigues ; je l'espère !

18 février. — Sur le bord de la rivière, à
l'ombre d'un superbe palmier, je profite
d'un instant de liberté pour continuer mes
notes :

Véritablement c'est charmant de camper
ainsi ; un bon café le matin, une bonne
soupe à midi, autant le soir, le tout mangé
en plein air, c'est une vraie partie de campagne. Et puis, il nous est permis de nous
offrir quelques suppléments, ce qui est facile,
car les marchands assiègent notre camp ;
celui-ci offre des œufs, celui-là de la viande ;
d'autres des figues, du fromage, du vin, des
volailles ; que sais-je encore ? Ce matin, j'ai
choisi une épaule de mouton, ce dont personne ne s'est plaint sous ma tente.

Malheureusement on parle déjà de quitter
ce plateau, où la campagne est si belle, l'air

très pur et les ressources abondantes. On a
même déjà annoncé qu'il y aurait, avant le
départ prochain, une visite sanitaire, visite
que l'on a complètement oublié de faire à
Constantine. On a même déclaré qu'il y
aurait « deux hommes malades par compagnie »... A dire vrai, ces deux hommes me
rendent rêveur... Et s'il y en avait trois ?
Faudrait-il donc que le troisième fut bien
portant quand même ? Et s'il n'y en avait
qu'un ? Faudrait-il donner une colique à
un deuxième ?... Et pourtant, j'ai bien
entendu, j'en suis certain : Il y aura, — par
ordre, — deux malades par compagnie,
lesquels seront révisés.

A propos,... j'ai traversé le camp ce matin,
tout clopin-clopant, et j'ai trouvé une figure
de connaissance parmi les francs-tireurs...
Qui ? Eh, parbleu, le père de « la baronne ! »
lequel, à bout de ressources, s'est engagé
pour avoir la table et le logement aux frais
de l'Etat;... peut-être aussi une chemise !

19 février. — Sur l'avis de mes chefs, je
suis allé ce matin à la visite sanitaire. Le
docteur a vu mes pieds et a constaté que,
malgré ma bonne volonté, je ne pouvais pas
aller plus loin.

Et c'est avec peine que j'ai vu lever le
camp, partir les autres, restant avec les
éclopés du bataillon.

Nous voici, maintenant, six malheureux
en détresse à Milah, sous la haute direction
d'un sergent de l'armée active qui, ici, est
à la fois chef de la Place, directeur du té é-
graphe et je ne sais quoi encore...

Il s'agit de se débrouiller !

21 février. — Tout a marché comme sur
des roulettes : Le sergent, un excellent
sergent, avec lequel je me suis lié en allant
expédier une dépêche, a fait tout ce qu'il a

pu pour nous et, en parfait état, nous sommes sur le point de quitter Milah.

Le fait est qu'après le départ de la colonne, nous sommes rentrés à la bourgade, sans trop savoir ce que nous allions devenir ; mais le sergent, en cherchant bien, trouva une chambrée près de son télégraphe, plusieurs bottes de paille et la question abri fut tranchée. Malheureusement, la question vivres était plus difficile, car le chef n'avait ni provision, ni crédit. Il y eut un instant d'inquiétude que je calmai vite : Si les hommes n'avaient pas le sou, j'en avais encore quelques-uns et la soupe se ferait quand même.

On en était là et déjà les hommes, plus tranquilles, secouaient fort la paille de leur lit, quand, causant avec le sergent, il me parla de la femme du garde forestier, qui pourrait peut-être bien nous faire la soupe dont nous rêvions.

Nous allâmes vite tous deux à la demeure du garde et, en effet, sa brave femme s'offrit à faire notre dîner à tous. Et même, m'étant recommandé de son chef, que je connaissais à Constantine, elle voulut absolument m'offrir un lit.

Ce fut donc tout joyeux que je revins vers les camarades, leur apprendre la bonne nouvelle et, ayant invité le sergent, tous nous fîmes, avec des poulets que j'achetai encore en supplément, un dîner d'autant meilleur que nous n'avions pas eu le déjeûner du matin, tout troublés par le départ.

Et, maintenant, après un bon sommeil, nous voici prêts à revenir à Constantine. Le sergent nous a réquisitionné six ânes, et nous allons, après avoir cassé la croûte avec du fromage et bu le coup du matin, enfourcher ces bonnes petites bêtes qui ont mission de nous porter, tandis que leurs maîtres

suivront à pied, leur criant sans cesse :
Aroua ! Aroua ! soit en bon français :
Marche ! Marche !

Mais nous voici suffisamment lestés, nos
bêtes sont là, les « arbis » attendent, c'est
l'heure. En route la petite troupe dont le
sergent m'a confié la direction.

Adieu au sergent, adieu à notre hôtesse,
et fouette cocher !

C'est égal, voilà une drôle de caravane.
Au fait, cela tombe bien. Je crois que c'est
aujourd'hui le mardi-gras.

22 février. — Hier, voyage réussi. Les
ânes ont fort bien marché et les Arabes,
leurs maîtres, aussi. A part une heure d'arrêt
pour laisser souffler bêtes et gens, nous
avons franchi d'une traite les deux étapes
que nous avions faites les jours précédents
(environ 44 kilomètres), une rude course
pour les marcheurs et même pour nous,
fortement secoués par nos montures.

Bref, nous sommes arrivés à bon port,
mais il était temps, car il faisait déjà nuit
noire et nos estomacs se trouvaient bien
vides, n'ayant rien pris depuis notre petit
déjeûner. Heureusement, nous savions où
frapper à Constantine. Mes camarades s'en
allèrent à la caserne où ils se firent réinté-
grer, et moi, je courus par la ville à la
recherche de mes amis, que je trouvai fêtant
seigneur Carnaval. Quant aux ânes, aux
« arbis » ils se contentèrent de s'abriter
contre un mur de la ville, en grignotant, les
uns et les autres, quelques côtes de chardon,
pour patienter jusqu'à l'aube... Quelle belle
chose que la soumission et la sobriété !

24 février. — Je travaille au bureau en
attendant que mes pieds soient guéris. Après
je reprendrai mon service. En course, planton !... Et tous, ici, nous voudrions bien

recevoir des nouvelles de nos camarades en colonne. Que deviennent-ils ? Ont-ils eu une révolte sérieuse à réprimer ? N'ont-ils eu, comme on l'a supposé, qu'à se montrer pour en imposer aux Kabyles ?

Et avant d'être fixés, l'esprit voyage avec eux, les suit, se demandant pourquoi, après tant d'années, cette Algérie si belle, si pleine de richesses. et d'avenir, demande encore à être dominée, pacifiée ?

En vérité, il y a longtemps que cette superbe colonie devrait être tranquille et rémunératrice ; mais on n'a pas assez protégé le colon, on a trop vexé et exploité l'indigène sans, pourtant, montrer assez de fermeté pour réprimer la discorde qui reste à l'état latent. Somme toute, mauvaise administration sur cette terre d'avenir et, ainsi, une situation que l'armée exploite quelquefois pour l'avancement, mais qui ne peut être que dangereuse et ruineuse.....

Qu'est-ce que j'écris là ?... Je parle politique, je crois ?... Or, un soldat ne doit pas avoir d'opinion... Donc... arrêtons-nous ici !

1ᵉʳ Mars. — Je suis valide ; je circule maintenant ; et, hier, j'ai revu les cigognes qui sont de retour après l'hiver, comme chez nous reviennent les gentilles hirondelles.

Charmants oiseaux que ces cigognes qui ornent si bien le toit des demeures arabes qu'on les croirait faites pour elles. Et, comme là, se promenant gracieusement, elles semblent à l'aise, sans crainte des hommes, sur ces murs, pourtant bas, à la portée de tous. — Ah ! c'est qu'elles sont tranquilles dans ce vieux quartier. Elles savent, sans doute, qu'elles font partie de la famille arabe. Malheur à qui les dérangerait !

Je ne crois pas que dans le quartier neuf, on songerait à les tourmenter davantage ; mais elles n'y vont point quand même. C'est qu'elles sont constantes dans leur attachement, modestes dans leurs goûts, fidèles dans leur souvenir et elles ne désertent pas leurs vieilles masures... Ah ! les charmants ciseaux que ces cigognes !

2 *mars.* — Nous avons des nouvelles de la colonne : tous nos hommes vont bien. Pourtant, à ce que nous écrit l'un d'eux, ils ont eu un terrible engagement : c'était sur le bord d'un bois ; le général suppose que derrière le fourré doit se cacher une masse d'arabes, qu'ils sont embusqués, qu'il est temps de frapper... Feu !... Les balles sifflent, les feuilles sèches du taillis tombent en sonnant ; mais rien autre ne tombe ;... pas un seul ennemi de touché... Il n'y en avait pas !

Décidément c'est bien une insurrection n° 3 que nos camarades ont à combattre et je les en félicite ; car, avec les autres, la lutte est parfois fort pénible et cruelle.

4 *mars.* — Hier, jour de congé et brillant soleil ; j'ai descendu le grand rocher qui supporte la ville. Je voulais revoir Constantine d'en bas, et errer encore là où le Rummel, sortant de son antre, après avoir contourné la ville, tombe en cascades pour rouler après dans les vallées.

Et j'ai circulé partout dans cette charmante campagne, luxuriante de végétation, parsemée de maisons, plantée de grands arbres, ensemble, que du haut de la terrasse gigantesque de la Kasbah, on peut prendre pour une bergerie enfantine. Et j'ai revu le torrent mystérieux et le rocher presqu'infernal, s'élevant, droit comme un mur, à plus de trois cents pieds et j'ai touché les dalles rocheuses, où venaient, jadis, s'écraser les femmes adultères, que la Justice faisait, alors, tomber, enveloppées dans un sac, de cette hauteur vertigineuse...

Et, en revenant, je méditai sur la transformation des mœurs .. Comme il était ici démodé de nos jours ce rocher justicier !... Comme, chez nous, il serait plutôt transformé en un doux lit de roses !!

6 mars. — Cette fois, c'est bien fini; mais quelle fin ! La paix est signée; mais quelle paix ! Aussi, comme c'est l'âme triste, le cœur brisé, que l'on se rencontre et que l'on se sert la main !!... Que de malheurs à réparer !!!... Mais la France est forte, puissante par son essence même... Elle se relèvera !

9 mars. — C'est trop fort! On nous annonce qu'au lieu de nous revenir, notre colonne va aller encore de l'avant et quitter Sétif, où elle est actuellement. — Et pourquoi? Pour combattre des sauterelles qui n'existent même pas. Ah ! si au moins nous étions utiles. Mais non. Et puis oublie-t-on notre qualité de Mobilisés et qu'ainsi nous devons être licenciés les premiers ?

Je sais bien qu'on ne peut laisser l'Algérie sans troupe ; mais alors pourquoi a-t-on déjà licencié les mobiles de Marseille qui, eux, selon la loi, devaient rester après nous ? Il faut faire tout son devoir, plus que son devoir même quand besoin est, mais la justice avant tout.

12 mars. — La vérité, je viens de l'apprendre : Nos chefs, — du moins certains d'entre eux, — trop heureux d'avoir des galons et une position qu'ils ne retrouveront jamais, tiennent à rester sous les armes le plus longtemps possible et, sous prétexte de zèle, de patriotisme, ne cessent d'offrir leurs services... Ah! il est joli ce patriotisme-là!... Je n'ajoute rien..., je me fâcherais!

Mais si nos chefs pensent à eux seulement, le modeste planton et ses amis de l'habillement penseront à tous : nous allons télégraphier au Sous-Préfet de Beaune, à M. Thiers, au Gouvernement...

20 mars. — Que se passe-t-il en France?... Des dépêches vagues nous le font bien pressentir, mais nous ne savons rien de précis et, comme toujours, nous ne pouvons faire que des conjectures devant les pauvres nouvelles qui nous parviennent.

Ce que nous sentons pourtant c'est que la situation est grave, très grave... Après la guerre étrangère, la guerre civile!... Où allons-nous??

1ᵉʳ avril. — Ce n'est pas une blague, un mois d'avril ; non, c'est la vérité vraie ; nos camarades de la colonne nous reviennent aujourd'hui. Comme ce sera bon de se retrouver tous!

. . . .

Nous sommes, bien entendu, allés très loin au devant de nos braves pioupious et les avons salués de nos meilleurs vivats. Mais qu'ils étaient sales nos pauvres compagnons! Qu'ils avaient besoin d'un bain, de deux bains et de plusieurs coups de brosse!

C'est égal, on était heureux de leur serrer la main à tous et de les entendre dire leurs exploits. L'un d'eux, et pas un des plus enragés pourtant, nous a raconté bien vite qu'à lui tout seul, son fusil désarmé, la baïonnette au fourreau, il avait gardé une position des plus difficiles.

Enfin ils sont revenus pourtant, avec deux blessés et le fanion tout criblé. Mais il faut dire que l'un de ces malades avait reçu un coup de pied de cheval et que l'autre s'était meurtri la jambe en allant chaparder quelques oranges... Quant au fanion il paraît, qu'étant roulé, il a reçu la balle de l'un des nôtres, laquelle lui a fait une sixaine de trous.

Étranges, ces insurrections n° 3, sinon utiles ! Au fait, j'oubliais de dire qu'il y avait deux officiers proposés pour la croix .. Pauvre croix !

3 avril. — Avec les beaux jours nous avons presque complètement abandonné cette chère dame Charlotte qui regrette ses bons clients les Mobilisés. Le soir, même, nous sommes infidèles à ses chopes. Il est si bon de se promener dans ces régions charmantes, de profiter du soleil dont on jouit ici et des nuits resplendissantes dont l'Orient a le privilège.

Chaque fois que nous sommes libres, nous allons, maintenant, errer dans la campagne et chaque soir. surtout, nous nous offrons de grandes courses sur les routes environnantes. La route de Sétif, particulièrement, nous attire. Large, bien entretenue, plantée de beaux arbres, à mi-côte, nous ne voyons pas de plus charmante promenade nocturne.

Et là, en bande, nous entonnons avec ardeur les couplets des « *Rives de France* », rêvant, comme dans la romance, de voguer bien doucement pour les retrouver.

Mais l'écho, même, ne répond rien à nos prières et nos chants éveillent seulement les hurlements des chacals troublés dans leur chasse aux lapins.

Vœux et talent, tout est perdu pour nous ; il nous reste heureusement dans l'esprit le souvenir d'une bonne soirée.

6 avril. — Mes dépêches ont-elles produit de l'effet ? Je ne sais. En tous cas nous touchons au terme de notre carrière militaire et le Sous-Préfet de Beaune a bien voulu m'informer qu'il attendait notre rapatriement au plus tôt, après s'être sérieusement occupé de nos intérêts. Merci, mille fois merci, à ce bienveillant administrateur que j'espère pouvoir remercier encore.

10 avril. — Si nous sommes restés longtemps, trop longtemps, sans rien savoir de l'autre bataillon des Mobilisés de Beaune, nous avons, du moins, ces temps-ci, eu, par quelques correspondances particulières, des nouvelles de tous.

Comme nous, pendant la traversée, ils ont beaucoup souffert et, battus par la même tempête, ils ont, aussi, pensé mourir. Débarqués à Alger, et dirigés sur divers points, ils ont eu, comme nous, leurs journées de calme et leurs journées de misères.

Chez eux aussi, l'épidémie, les fièvres ont fait bien des victimes ; mais, en plus de nos misères communes, ils eurent à réprimer, eux, une insurrection, hélas ! trop sérieuse. Et la lutte fut chaude, et ils furent nombreux les braves qui restèrent aux champs du combat....

Salut respectueux à la mémoire des morts !

Salut fraternel aux vivants que nous retrouverons bientôt !

14 avril. — Aujourd'hui, le jour des adieux ! Demain, nous prenons le train pour revenir à Philippeville. Déjà nous avons remis nos fusils.

Donc adieu à tous ! On ne quitte pas une garnison, où l'on est resté cinq longs mois, sans bien des souvenirs et beaucoup de poignées de mains.

16 avril. — Nous revoici à Philippeville. C'est un pas de fait. Plus que la mer à traverser et c'est la France.. Mais quelle flaque d'eau à enjamber !

22 avril. — Nous sommes encore à Philippeville ne sachant que devenir, nous traînant dans toutes les rues, ne servant absolument à rien, sinon à dépenser l'argent de l'Etat et le nôtre.

Je crois que l'Administration nous oublie. Toujours est il que nous regardons sans cesse la mer, espérant voir arriver, enfin, le transport qui doit nous emmener et que, comme sœur Anne, nous ne voyons rien venir,... rien !

23 avril. — Et toujours rien !... Et dans cette vie insipide, idiote, que nous avons, l'ennui nous gagne tous. Etre là, sans savoir comment tuer son temps et sentir que chez nous nous avons une quantité de travaux à exécuter, beaucoup de pertes à réparer, c'est pénible !... Quand donc pourrons-nous rentrer au logis, revoir nos familles, reprendre nos affaires ?

25 avril. — Hélas! je n'ai même plus la consolation de me promener:... Aujourd'hui je me trouve sans force, abattu .. Je dois rester. . J'éprouve une soif ardente, je sens la fièvre qui vient... Vais-je tomber malade à mon tour?... Ah! à la veille du départ, ce serait plus terrible encore !

26 avril. — De plus en plus fatigué, anéanti... J'ai prié un brave ami, qui ne m'abandonne pas, d'aller me chercher un médecin militaire, le nôtre étant malade lui-même. Mais le médecin a répondu que si je voulais avoir ses soins, je devais aller à l'hôpital, un soldat ne pouvant être régulièrement à l'hôtel...

Le docteur aurait peut-être raison, si nous étions encore soldat de fait; mais en réalité, nous ne le sommes plus... Au reste, j'aime mieux vivre irrégulièrement que mourir régulièrement... J'aurai recours à un médecin de la ville.

27 avril. — Le docteur civil est venu... C'est la petite vérole que je vais avoir... Ah ! que j'ai besoin de résignation... C'est si affreux de tomber malade ainsi, au moment du départ... et de rester là, seul, avec une mort bête en perspective.

. . . .

. . . .

. . . .

14 mai. — Enfin, je vais mieux !... Maintenant je suis, selon le docteur, hors de danger... Mais que j'ai été malade, que j'ai cru mourir! Et comme, dans mon abandon, j'ai vu tout en noir !

— J'ai suivi bien des convois funèbres, me disais-je et ici, moi, abandonné, seul, je n'aurai pas même, pour m'accompagner à la tombe le fameux chien de l'enterrement du pauvre !

18 mai. — Dans mon malheur, je trouvais pourtant un bon docteur doublé d'un excellent homme. Je lui resterai toujours reconnaissant.

Après ses soins, c'est, — maintenant que je puis l'entendre, — un peu de causette pour me faire oublier ma solitude : il me conte les nouvelles de France que j'apprends avec plaisir. Nous causons aussi de l'Algérie et il me confirme l'opinion que je m'en suis faite, m'affirmant qu'il y a mieux qu'on ne pense dans le cœur de ce peuple arabe.

— Que de fois, me disait il, ayant eu affaire à ces hommes rustiques, bien enfants de la nature, je n'ai trouvé, chez eux, à côté de la fierté de l'indépendance, que des sentiments élevés et généreux.

« Toi chrétien, moi musulman, mais si honnêtes, tous là-haut! », répétaient-ils.

20 mai. — J'ai retrouvé un peu d'appétit, des forces. Le docteur m'a dit qu'il m'autorisait à partir par le premier paquebot, à la condition, expresse toutefois, que je prendrais une cabine fermée, le grand air, sur mer, pouvant m'être absolument fatal... Que cette bonne nouvelle ajoute à ma guérison!... Déjà je me sens gaillard.

21 mai. — Je suis allé au bureau des paquebots prendre mon billet pour le départ qui doit avoir lieu demain ; mais, sous prétexte que je suis soldat, on n'a pas voulu m'en délivrer... Il paraît que l'Etat tient à nous rapatrier gratuitement .. Grand merci!

22 mai. — Je suis sur le navire ; j'aspire avec bonheur cet air salé de la mer, qui, pour moi, sent le départ, la liberté, la vie!... Mais n'oublions pas les recommandations du docteur. C'est une cabine qu'il me faut ;... un abri tout au moins... La nuit, le nez à tous les vents, ce serait ,pour moi, la mort.

. . . .

Je suis allé trouver le capitaine pour lui demander une cabine. Mais impossible, paraît-il, pour un soldat, d'en obtenir une, même en payant. On n'en accorde qu'aux malades, sur une ordonnance du docteur du navire... Allons au docteur.

. . . .

C'est une infamie!... Le docteur, constatant mon mal m'a crié :

— Cré cochon! qui va empoisonner le navire ; va donc crever où tu voudras! Fallait venir à la visite hier, cré sabord!

Et je suis revenu sans mot dire, ahuri, maudissant ce docteur impitoyable... Ah ! si je survis et que je le rencontre jamais... Gare à lui !.. Bref, me voici condamné à mort par un braillard sans cœur, sans âme, pour n'avoir pas su qu'un soldat, — et je croyais ne plus l'être, — devait passer la visite avant de monter sur le navire... C'est raide !

. . . .

Heureusement que tous les hommes ne sont pas aussi durs. Un brave et vigoureux sergent, de passage avec moi. apprenant ma détresse, a senti battre son cœur et m'a généreusement offert, dans sa bonté, la cabine à laquelle il avait droit, lui galonné.

— Va donc prendre ma place, m'a-t-il dit simplement, sans ostentation. Moi j'aime autant le pont ; j'ai même besoin d'air.

J'ai vite accepté, lui donnant, non pas tout ce que j'aurais voulu, mais tout ce qui me restait.

Et, maintenant, blotti sur mon matelas, dans mon tiroir, je ne bougerai plus jusqu'à Marseille... Pour vivre encore, il me faut faire le mort !

24 mai. — Salut à la France ! Enfin j'ai retrouvé la terre aimée ; maintenant je redeviens libre et « zut ! » au docteur.

Quelques réconfortants pour me remettre du jeûne de la traversée et tout ira bien.

Une dépêche à ma famille et vite au train. Demain j'arriverai au pays, j'embrasserai les miens... Quel bonheur !!

9 782013 502177